浙江海洋学院著作出版基金资助

舟山群岛军事旅游资源探究

唐洪森　王鸳珍　等◎著

海洋出版社

2016年·北京

内 容 摘 要

舟山群岛作为东海前哨,拥有显赫的军事地位,历来被视为军事要塞。古往今来,这片海疆承载着无数战火硝烟的熏陶,各类战船兵舰往来进出境内。而自明朝起葡萄牙人、荷兰人、英国人武装商船不断觊觎这片重要海域,直至发生著名的定海保卫战。千百年来,遍布群岛上的军事遗迹,构成一幅幅历史画卷。明朝的戚继光抗倭,清代鸦片战争,解放战争中的大榭岛、金塘岛、桃花岛、登步岛战斗,蒋介石撤退台湾行动,新中国成立以后的海防哨所,战士第二故乡,等等,历史将这些宝贵的印痕留给了舟山。调查和重新开发利用舟山丰富的军事旅游资源,形成新兴的旅游产业链,以吸引国内外游客,特别是台湾地区的老兵、学者、研究机构、企业、学校等,这对舟山旅游业的创新发展,将具有填补空白与外延拓展的长远意义。

图书在版编目(CIP)数据

舟山群岛军事旅游资源探究/唐洪森等著. —北京:海洋出版社,2016.4
ISBN 978-7-5027-9415-6

Ⅰ. ①舟… Ⅱ. ①唐… Ⅲ. ①军事-旅游资源开发-研究-舟山市 Ⅳ. ①F592.755.3

中国版本图书馆 CIP 数据核字(2016)第 083696 号

责任编辑:白 燕 苏 勤
责任印制:赵麟苏

海洋出版社 出版发行

http://www.oceanpress.com.cn
北京市海淀区大慧寺路8号 邮编:100081
北京朝阳印刷厂有限责任公司 新华书店北京发行所经销
2016年6月第1版 2016年6月第1次印刷
开本:787mm×1092mm 1/16 印张:11.5
字数:320千字 定价:45.00元
发行部:62132549 邮购部:68038093 总编室:62114335
海洋版图书印、装错误可随时退换

浙江海洋学院 2009 年度专项科研项目成果

课 题 组 成 员

项目负责人： 唐洪森

项目组成员： 王鸳珍　王贤恩　童淑娟
　　　　　　　王利明　王　芳　陈　玲

目　　录

第一章　定海区军事旅游资源状况 ……………………………………（1）
　第一节　定海军事旅游资源概述 ………………………………………（2）
　第二节　定海古代军事史迹:海岛上的烽火记忆 ……………………（3）
　　一、清初定海的一场激战 ………………………………………………（3）
　　二、沥港的抗倭斗争 ……………………………………………………（5）
　　三、郑成功与定海 ………………………………………………………（8）
　　四、方国珍与定海 ………………………………………………………（9）
　　五、孙恩起兵反晋 ………………………………………………………（10）
　　六、田流起义 ……………………………………………………………（10）
　　七、袁晁水军自翁山攻苏杭 …………………………………………（11）
　　八、金兵进攻昌国 ………………………………………………………（11）
　　九、宋将张世杰自昌国攻浃口 …………………………………………（11）
　第三节　清末发生在定海的海战 ………………………………………（11）
　　一、歼击艇匪 ……………………………………………………………（12）
　　二、太平军进攻定海 ……………………………………………………（12）
　　三、中法战争中的定海 …………………………………………………（12）
　　四、瞭望楼 ………………………………………………………………（13）
　第四节　鸦片战争定海保卫战:170余年前的一声炮响 ……………（13）
　　一、青山翠岭之间的鸦片战争遗址公园 ………………………………（14）
　　二、捍卫祖国海岛的定海官民 …………………………………………（24）
　第五节　抗日战争时期:定海军民联合抗击日伪军 …………………（27）
　　一、临城烈士墓 …………………………………………………………（27）
　　二、"杨静娟烈士被捕处"纪念碑 ……………………………………（27）
　　三、抗日烽火中英勇抗敌的定海军民 …………………………………（29）
　第六节　解放金塘之战:波澜壮阔的重大胜利 ………………………（30）

　　一、金塘烈士陵园 ··· (31)

　　二、解放金塘岛登陆处 ·· (32)

　　三、金塘登陆,打开舟山群岛大门 ·· (33)

第七节　解放战争时期:机动灵活的海岛游击战 ··· (35)

　　一、舟山烈士陵园 ··· (35)

　　二、海岛上的游击战斗 ·· (39)

　　三、东海游击总队在定海的战斗岁月 ··· (40)

　　四、洞岙农民抗粮暴动旧址 ··· (42)

第八节　散布在定海街巷中的军事陈列馆和纪念馆 ···································· (43)

　　一、"洛阳营"营史馆 ·· (43)

　　二、"人民英雄连"连史室 ··· (43)

　　三、舟山警备区军史陈列馆 ··· (44)

　　四、"勤俭创业修理连"连史室 ··· (44)

　　五、舟山地委(专员公署)旧址 ··· (44)

　　六、海军92910部队军史馆 ··· (44)

　　七、海军91991部队军史馆 ··· (45)

　　八、中共定海县工委机关后岙旧址 ·· (45)

　　九、中共定海县工委旧址 ·· (45)

　　十、定海特派员机关道头祥裕肉店、念亩墩旧址 ································· (46)

　　十一、定海特派员机关皋泄舒家旧址 ··· (46)

　　十二、中共定海城区支部旧址 ··· (47)

第九节　定海军事历史资源对定海建设发展的价值 ···································· (47)

　　一、定海军事历史资源成为提升定海知名度的一个新的增长点 ············ (47)

　　二、定海军事历史资源可以提高定海的地域影响力 ···························· (48)

　　三、定海军事历史资源为增强定海的传播效果提供丰富的素材 ············ (49)

第十节　定海军事历史资源开发现状 ·· (49)

　　一、重大军事历史事件基本都建有纪念场馆 ······································ (50)

　　二、革命军事历史场馆尚未形成较大的影响力 ··································· (51)

　　三、军事历史纪念遗址缺乏建设和保护 ··· (52)

　　四、革命军事旧址位置不明显 ··· (53)

　　五、军事历史资源没有得到系统的、整体的开发 ································ (54)

六、军事历史资源开发宣传环节薄弱 ·· (54)

第二章 普陀区军事旅游资源状况 ·· (55)

第一节 登步岛上的军事旅游资源 ·· (55)
一、惨烈的登步岛战斗 ·· (55)
二、登步岛战争遗址公园 ·· (57)
三、青龙山革命烈士纪念碑 ·· (59)

第二节 桃花岛上的军事旅游资源 ·· (61)
一、桃花革命烈士陵园 ·· (61)
二、解放桃花岛战役 ·· (62)

第三节 东极岛上的军事旅游资源 ·· (62)
一、"里斯本丸"沉船事件始末 ·· (62)
二、东极"里斯本丸"纪念馆 ·· (65)

第四节 桃花岛上的军事影视名城——"定海城" ···················· (66)
一、桃花岛"定海城"的概貌 ·· (66)
二、桃花岛"定海城"的拍摄故事 ·· (67)

第五节 双屿港畔的军事旅游资源 ·· (68)
一、双屿港遗址 ·· (68)
二、双屿港位置考证 ·· (68)
三、曾经繁华的双屿港 ·· (70)
四、双屿港之战:结束双屿港走私贸易 ···································· (71)

第六节 六横岛上的军事旅游资源 ·· (72)
一、东海游击总队六横突围 ·· (72)
二、六横"东总"英烈纪念园 ·· (73)

第七节 散落在普陀区各乡镇的军事旅游资源记录着那个年代 ········ (75)
一、双屿烈士陵园纪念碑 ·· (75)
二、展茅革命烈士纪念碑 ·· (76)
三、勾山革命纪念碑 ·· (78)
四、坦岙营房 ·· (80)
五、麒麟山演练场 ·· (81)

第八节 普陀古代军事遗迹 ·· (82)
一、浙东第一功摩崖题记 ·· (82)

  二、张煌言蒙难处 ……………………………………………………… (83)
  三、"廉泉"抗倭古井 …………………………………………………… (85)
  四、泉水岙烽火墩 ……………………………………………………… (86)
 第九节 普陀区现有军事旅游资源开发现状 ……………………………… (86)
  一、军事旅游发展背景 ………………………………………………… (86)
  二、普陀区现有军事旅游资源利用状况 ……………………………… (87)
  三、普陀区现有军事旅游资源开放状况 ……………………………… (87)
  四、普陀区军事旅游发展存在的不足 ………………………………… (88)
  五、普陀区军事旅游资源的优势 ……………………………………… (89)

第三章 岱山县军事旅游资源状况 …………………………………………… (92)
 第一节 岱山现有的军事旅游资源 ………………………………………… (92)
  一、军事设施遗址类 …………………………………………………… (93)
  二、军事博物馆类 ……………………………………………………… (95)
  三、烈士纪念塔或纪念碑类 …………………………………………… (96)
  四、军事陈列室、纪念馆类 …………………………………………… (97)
  五、名人故居类 ………………………………………………………… (100)
  六、抗倭斗争遗迹 ……………………………………………………… (102)
 第二节 国共最后对峙:"华东第一机场"的前世今生 …………………… (104)
  一、岱山机场:国军撤退舟山时重要战事的活标本 ………………… (104)
  二、岱山机场发生的重大军事事件 …………………………………… (106)
 第三节 "岱山盐渔民暴动":人民革命战争的鲜活一页 ………………… (108)
  一、寻常巷陌中的东岳宫 ……………………………………………… (108)
  二、1936年盐渔民联合暴动始末 ……………………………………… (109)
  三、1936年盐渔民联合暴动后的血色岱山 …………………………… (113)
  四、1936年盐渔民联合暴动的历史价值探析 ………………………… (114)
 第四节 大鱼山之战:"海岛狼牙山之战"的历史丰碑 …………………… (114)
  一、大鱼山革命烈士纪念塔与七夕节的民祭烈士传统 ……………… (115)
  二、日寇陆海空军联合进攻下的大鱼山战斗 ………………………… (116)
 第五节 地下革命战争:隐蔽在国民党番号下的武装力量 ………………… (120)
  一、寺庙、小学、杂货店内的地下党活动 …………………………… (120)
  二、岱山"保二"中队组建、演变的历史过程 ……………………… (121)

　　三、"保二"中队的地下活动及贡献……………………………………(123)

　第六节　抗倭抗殖民斗争:道光年间的水勇义举………………………(125)

　　一、郑鼎臣率领水勇攻打英军……………………………………………(125)

　　二、岱山"火烧浦"的由来…………………………………………………(126)

　第七节　岱山军事旅游资源开发现状及不足……………………………(127)

　　一、军事文化景观从形式与内容上都过于单薄,美誉度低,军事文化
　　　　影响力小……………………………………………………………(127)

　　二、旅游项目品种单一,吸引游客不足…………………………………(127)

　　三、景点分散,难以形成规模效应………………………………………(128)

　　四、交通不便,宣传不到位………………………………………………(128)

　　五、不少景观破坏相当严重,急需保护…………………………………(128)

第四章　嵊泗列岛军事旅游资源状况…………………………………………(130)

　第一节　嵊泗列岛军事遗迹概况…………………………………………(131)

　　一、抗倭名将的石刻遗迹…………………………………………………(131)

　　二、灯塔遗迹………………………………………………………………(132)

　　三、日军侵华遗址…………………………………………………………(132)

　　四、嵊泗解放前后的军事遗迹……………………………………………(132)

　第二节　嵊泗列岛军事斗争历史与遗迹…………………………………(133)

　　一、解放嵊泗列岛…………………………………………………………(133)

　　二、解放嵊山岛……………………………………………………………(133)

　　三、黄龙乡19勇士遇难处………………………………………………(134)

　　四、蒋纪周烈士纪念碑……………………………………………………(134)

　　五、"85炮连"连史室……………………………………………………(135)

　　六、嵊泗县革命烈士陵墓…………………………………………………(136)

　　七、海防石刻………………………………………………………………(137)

　　八、海防灯塔………………………………………………………………(142)

　　九、五龙乡"万人坑"遗址………………………………………………(144)

　　十、坑道与碉堡……………………………………………………………(145)

第五章　舟山群岛军事旅游资源保护与开发总体探究……………………(147)

　第一节　舟山群岛具有军事旅游价值的遗址现状堪忧…………………(147)

　　一、舟山群岛一些军事遗址缺乏有效性保护……………………………(147)

二、许多军事旅游目的地交通不便 …………………………………………… (148)
三、军事旅游资源分散、缺乏整合和专业开发保护 …………………… (148)

第二节 定海军事历史资源开发设想 ……………………………………… (148)
一、整体开发现有纪念性场馆,改变纯粹静态的表现形式 ……………… (150)
二、革命军事历史馆址、旧址和遗址的开发要注重保护、修复、新建、
组合和细节塑造 …………………………………………………… (152)
三、古代军事遗址保护和开发 ……………………………………………… (153)
四、引入体验式的军事历史事件表现方式 ………………………………… (153)
五、军事历史资源的开发要注重加大宣传力度,增强定海军事
历史资源的知名度 ………………………………………………… (154)
六、加大对定海军事历史资源的保护力度,要使保护意识深入人心 …… (155)

第三节 普陀区军事旅游资源开发对策与建议 …………………………… (158)
一、坚持特色性原则、共生性原则和网络化原则 ………………………… (158)
二、做好文化文章、主题文章和概念文章 ………………………………… (158)
三、细分客源市场,进行合理定位 ………………………………………… (159)
四、分层分步、全市统筹,策划几个军事旅游主题进行重点打造 ……… (159)
五、做好旅游线路设计工作 ………………………………………………… (160)
六、做好旅游新项目开发 …………………………………………………… (160)
七、强调文化、参与、体验 ………………………………………………… (160)
八、利用港口优势,与船舶工业游、自然风光游有机结合 ……………… (161)
九、根据军事故事游舟山海岛 ……………………………………………… (161)
十、建设和完善旅游配套设施,提高旅游地的可进入性 ………………… (162)
十一、加强旅游目的地军事旅游形象策划工作 …………………………… (162)
十二、开发与军事旅游相关的旅游产品,合理控制价格 ………………… (162)
十三、加强军事旅游人才队伍建设 ………………………………………… (163)

第四节 开发岱山军事旅游资源的建议 …………………………………… (163)
一、以岱山机场为基础,深挖文化地理要素,强化军事价值开发 ……… (164)
二、以大鱼山革命烈士纪念塔为基础兴建军事主题公园,增强
军事文化旅游的影响力 …………………………………………… (164)
三、以东岳宫、中国海防博物馆为基础,在文物保护与趣味体验中延伸旅游价值链
………………………………………………………………………… (165)

四、结合岱山海岛特色旅游以形成规模效应，让军事文化旅游与

　　　　渔家乐相得益彰……………………………………………………（166）

第五节　开发嵊泗列岛军事旅游资源的建议…………………………（167）

　　一、嵊泗列岛军事遗迹开发的特点与开发原则………………………（167）

　　二、军事遗迹利用宏观构想……………………………………………（168）

　　三、军事文化旅游创意的微观设计……………………………………（168）

　　四、军事遗迹开发的保障………………………………………………（169）

结束语………………………………………………………………………（170）

第一章
定海区军事旅游资源状况

舟山群岛是东海一颗璀璨的明珠。而与宁波市北仑区仅一水之隔的舟山本岛定海，无疑是这个明珠的中心。定海位于舟山群岛西部，从大陆东部地理位置上看，正处在长江口与杭州湾的交汇处，淡水与海水的融合滋养了这里丰富的海洋生态资源，独特的海洋文明、海岛文化和鲜美的海洋食品，吸引着国内外的游客纷至沓来。从历史溯源看，定海是一座有着1 200多年历史的文化古城，这里名胜古迹众多，流传着许多波澜壮阔或美丽动人的故事和传说。就旅游而言，因为城市具有千年的历史积累，与历史相关的人物故事、古迹、旧址也是星罗棋布，和中国其他的城市一样。关于定海的过去，史料记载中不乏灿烂的篇章。定海以其独特的地理位置，自古就成为兵家必争的军事要塞。

发生在舟山群岛最早的战事，可以追溯到汉朝时期。公元前111年，东越王余善就在这里反抗当时的朝廷①。因为独特的地理位置，汉朝军队在海上遭到了余善军队的阻击，难以前进。汉朝派出四路大军进行讨伐，经过14个月的战斗才平定了余善军队的反击。这次战斗也可以说是历史记载中关于舟山最早的战争了。

在定海的军事历史中，最著名的就是鸦片战争中的两次定海保卫战和中国人民解放军解放舟山的登陆战役。这两次战役将定海的军事历史推到了高点，也将海域作战、登陆作战和岛屿作战的特色书写得畅快淋漓。

为了理清定海的军事历史，发现值得开发的军事旅游资源，笔者翻阅查找了许多历史资料，走访了大量的名胜古迹，从中感受那段烽火岁月在定海记忆中留下的痕迹。在那场震惊中外的鸦片战争定海保卫战中，英勇的海岛儿女拿起武器，和清军抗英官兵一起，与入侵的英国侵略军的坚船利炮进行搏击，在这片古战场上为保卫民族独立、捍卫民族尊严，谱写了一曲中华民族抵御外辱的壮歌。

发生在定海的另一场壮阔激烈的战役就是中国人民解放军为打开舟山门户，解放舟山而组织的金塘登陆战。根据文献资料的记载，1949年10月3日18时30分，华东

---

① 《文史天地》上册·历史回眸·《舟山历史上的第一次战争》（何雷书），第81页。

野战军第22军第66师和第69师第190团在3个炮兵团的火力支援下，对金塘岛发起攻击①。在风雨交加的恶劣气候下，人民解放军与驻守在金塘岛上的国民党军队展开激战，战斗持续了2天。10月5日，解放金塘的战斗胜利结束，人民解放军打开了舟山群岛的大门，著名的金塘登陆战也成为定海军事历史上重要的篇章。

除了这两个重要的战役，发生在定海的军事战斗和与军事战斗有关的军事行动也很多。明代的抗倭斗争和清初明军的抗清战斗都在定海留下了深刻的烙印。作为岛屿城市，定海因临近日本，在明代成为倭寇经常出没的地方。当时，驻守在这里的官兵和民众奋起抵抗，驱赶入侵的敌人，保卫国家的海防安全，维护国家主权和百姓的利益。因此，这里也遗留着明代抗倭的历史遗迹，比如岑港的平倭碑就记载着许多可歌可泣的历史故事。

既然军事斗争历史是定海这座千年古城发展史上非常重要的部分，那么收集整理这些军事历史资料既是对定海历史的传承和保护，又弘扬了中华民族的爱国主义精神。在调研过程中，笔者参观了作为爱国主义教育基地的烈士陵园、遗址公园，翻阅、整理了相关资料，实地走访了记录军事历史的纪念馆、现存的军事历史旧址、遗迹等，拍摄了大量的照片，以文字和图片的形式对定海古城的军事历史做了一次比较系统的梳理和实录。同时，根据调查研究，对定海军事旅游资源的开发利用进行了认真思索，提出了参考建议。

第一节　定海军事旅游资源概述

漫步定海街头，现代和历史交融的建筑时刻提醒着人们，这是一座现代的海岛城市，这也是一座饱经岁月沧桑的古老城市。虽然地处海岛，在之前交通并不便利的情况下，定海依然在历史的长河中书写下她的繁荣。因为要寻找和研究定海的军事旅游资源，所以笔者的足迹会刻意地去寻访深巷里弄中的老建筑。虽然随着时代的变迁，这些老建筑或已被现代的城市建筑所代替，或因年代久远而安静于一隅，但是穿过斑驳的时光剪影，我们仍能在历史的记忆中翻开悲壮而激烈的一页。这些珍贵的历史记忆有些并不久远，足以在人们的脑海中重映当时震撼人心的场景。只有站在历史的高度俯瞰，一座城市的厚度才显得那么明显和突出。对一片土地而言，军事历史越丰富，越能证明其在历史中的地位和高度。定海，就是这样的一座城市。

为了寻访定海的军事旅游资源，人们就如经常到访这座城市的海鸥一样，概览着城市的军事历史风光，发现浓墨重彩的篇章，便驻足下来，感受其中的点滴。和其他城市一样，定海也关注着自己的军事历史。在定海，修建了纪念重大军事历史事件的纪念性建筑，比如鸦片战争遗址公园、金塘烈士陵园和舟山烈士陵园等，留存有较多的军事历史事件旧址和遗迹。在定海老城区的街道里，还保留有一些抗日时期和抗战时期的旧址和老建筑。这些老建筑、旧址和遗迹记录着发生在定海的军事历史事件，

---

① 《舟山市志》·军事·《中国人民解放军解放舟山》·《激战金塘岛》，第732页。

第一章
定海区军事旅游资源状况

表现了定海军民在烽火岁月里英勇无畏、维护国家和民族尊严的崇高精神,值得后人景仰和学习。

在定海军事旅游资源中,有的部分作为当地重点的爱国主义教育基地已得到了相当程度的开发和保护,当地人经常在各种纪念活动时参观瞻仰、学习,同时也吸引了外地观光客前往参观;有部分资源虽得到了一些保护,但规模小、影响力不大,很多人对此并不了解;还有部分资源在时间的流转中消耗得比较多,甚至已经找不到留存的实物等遗迹,这部分资源在历史记载中有文字记录,如果要进行开发,是需要以后重新修复甚至是重建的。对定海军事历史资源的寻找和研究过程是一段很有意思的经历,发现一段历史会对这座城市有更新的认识,深入了解一段历史会对这座城市有更多的敬意。

第二节 定海古代军事史迹:海岛上的烽火记忆

定海自古就是军事要塞,其重要的地理位置使定海成为了兵家必争之地。面朝大陆、四面环海,岛上山丘起伏,周围小岛相望,这样的地理条件,自然吸引了关注的目光,当然也由此引发了战争。虽然在古代,涉海是危险的经历,但是,一道海峡对于御敌而言,是再好不过的天然屏障。而且,开放的地理态势也吸引着人们在此经营交易,进行经济活动。因此,在海上交通不发达的古代,定海也从不寂寞,人们往来其间,为商贾经营。当然,定海在历史里的热闹还因其军事地理位置的重要性,明代抗倭斗争及其末期的抗清斗争,以及清代的一些军事战斗,都在这片海岛上留下了烽火的记忆。

一、清初定海的一场激战

清初时,在舟山定海发生了一场极为惨烈的战斗,清军与抗清的明朝官兵在定海城进行了激烈的攻守战,战斗以清军占领定海城,明军败退告终。

(一) 清初舟山攻守战

在清初时期,舟山成为抗清的战场。当时,抗清的明朝官兵拥戴明鲁王朱以海进驻舟山,对抗清朝廷。今天的城关昌国路11号,就是当时明鲁王朱以海在舟山建立的行宫的故址所在。公元1649年10月,朱以海在舟山建立行宫扼守舟山后,清朝廷派出多路军队进攻舟山。1651年7月,清总督陈锦以3路军进攻舟山,亲率主力由蛟关东进,张天禄军自崇明南攻,马进宝军从海门北击。鲁王方面,张名振派遣阮进率水师守横水洋;张晋爵、阮美等防南线;张煌言、阮骏等守北线;金允彦、邱元吉、刘世勋等守城;张名振与鲁王率师攻打吴淞,牵制清军。

一场激战在舟山蓄势待发。经过渡海前的诸多准备之后,1651年8月20日,陈锦、金砺、刘之源、田雄和定海总兵张杰率军等上战船。次日晨大雾弥漫,清军乘潮蜂拥渡海。驻守舟山群岛明军立即在各山头传烽告警，集合战船，由荡胡侯阮进统领迎敌。① 就在横水洋和螺头洋一带的海域上，双方军队开始了激战。据资料记载，当时炮火纷飞，战况非常激烈。明军将领阮进虽然身先士卒、作战英勇，可是因火球误入战船引发了大火受伤，之后被清军擒获，伤重而死。这次海战明军失利。在海战中取胜的清军乘势进攻舟山，遭遇了舟山城中明军守将刘世勋等顽强抵抗。当时，正在海上阻击浙江台州和江苏吴淞清军水师的鲁监国和张名振等得到了舟山告急的报告，火速回师途中遇到了清军官兵的顽强阻击，难以进军。不久，清军改变战术攻破了舟山城内明军的防守，明将刘世勋等虽与清军在城内街巷中展开了激烈的肉搏战，力战阵亡，也没能抵挡住清军进攻的步伐，舟山城被清军攻下。明鲁监国的家眷或自尽或被俘虏，留守官员部分自杀殉国，部分迫于形势归顺清朝，鲁监国等见舟山失守，只得往南撤退。张名振与张煌言等护送鲁王到厦门，投靠郑成功。陈锦派副总兵巴成兴率水军2 000名、陆军1 000名守城。至此，一场激烈的战斗以清军攻占舟山结束。

1654年春，张名振袭金塘岛。1656年11月，郑成功任张名振为元帅，率师自厦门北上攻打舟山，张名振在岑港登陆，切断清军退路；陈六御、阮骏由衢头港（今定海港）攻城，巴成兴投降。12月28日，张名振病逝，所部由张煌言统领②。

1656年8月，清大将军伊尔德率田雄等攻打舟山，陈六御、阮骏迎战，大败清军。数日后，陈、阮被清兵围攻，不敌而亡。8月26日，伊尔德再次进攻舟山，田雄、张晋爵与之激战两昼夜，力竭自焚。太常卿陈久征、副使俞师范突围被擒，不屈而死，舟山陷落。

1658年5月13日，郑成功率军20万人自厦门誓师北伐，于七月初二进驻舟山。8月9日，大军自舟山出发后遇台风，碎巨船40艘，伤亡8 000余人，还师舟山。1659年5月13日再次北伐，因轻敌致反胜为败，留陈辉、阮美、罗蕴章守舟山，不久撤离。

（二）同归域合葬墓

同归域位于定海城北祁雨山山麓，即海山公园东北角，是南明抗清殉难将士臣民万余人的骨灰合葬墓。墓碑中间是"同归域" 3个大字，两边刻有"忠魂各遂当年志，白骨同垣万古香"等对联。同归域于1962年被公布为舟山县文物保护单位，1979年被公布为舟山地区文物保护单位，1997年被浙江省人民政府公布为省级文物保护单位。

"同归域"合葬墓作为历史遗迹，是对发生在定海的那场抗清战争的历史记录。今天，这个遗迹历经时间的风雨，已经非常陈旧，现已作为文物受到保护。遗迹的规模不大，但其中的沧桑和复杂的历史情节却是令人震撼的。

---

① 《文史天地》上册·历史回眸·《浙东抗清的舟山一场恶战》（鲁风），第107页。
② 《定海县志》·军事·战事·《清初舟山攻守战》。

第一章
定海区军事旅游资源状况

合葬墓"同归域"

二、沥港的抗倭斗争

抗倭，是中国古代军事历史里重要的一个章节，作为海岛的定海，当然也成为这个章节里重要的一段文字。要认识定海的抗倭历史，那就要走进金塘沥港，在这里，记录了定海抗倭的故事。

（一）沥港的抗倭历史

在舟山古代的抗倭斗争中，沥港是一个重要的地方。沥港位于金塘岛，古代被称为沥港、烈港，在清代时被称为沥港，是中国历史上有名的兵寨。宋朝时期，当时的朝廷就在沥港设置了兵寨，在明朝期间，由于明朝官兵在这里抗击倭寇取得胜利，沥港又被称为平倭港，沥港镇上现存的平倭碑就是当时的官员为纪念抗倭斗争而立。到了清初时期，郑成功抗击清朝廷，也曾将战船停泊在沥港商议军事。由此可见，在定海的抗倭历史中，沥港是一个重要的名字。

（二）金塘平倭港碑

金塘平倭港碑是市级重点文物保护单位，位置在金塘岛沥港下街头。明天启五年（1625年），知县何愈立。碑高3.7米，宽1.26米，镌"平倭港"三字，上端镌刻碑文200余字，记载明嘉靖三十五年（1556年）八月初四，副总兵卢镗率明军在金塘岛沥港诱擒倭寇辛五郎，俘斩其众数百首级的抗倭事迹。

站在沥港下街头，平倭碑显得古朴而沧桑。街道上人流穿梭，沿街是居民的小门面。平倭碑默默地看着行人过往，旁边后来新筑的石牌上刻有"浙江省舟山市重点文物保护单位"。这块古老的平倭碑提示着人们，抗倭斗争在定海历史中的重要地位。

平倭碑

"平倭碑"介绍

（三）沥港抗倭战争

明代，日本封建诸侯为了掠夺财富，组织一些封建主、没落武士、浪人和走私商人，经常在我国沿海进行武装掠夺和骚扰。16世纪，明朝廷以倭患起于市舶，下令撤销市舶司，禁止对外通商。此后，倭寇便乘机勾结土豪、奸商、流氓、海盗进行走私劫掠。倭寇的罪行激起了中国人民的愤怒，纷纷起来参与抗击倭寇的斗争。在舟山定海，明代官兵和定海人民英勇抗击倭寇的斗争是中国抗倭斗争中重要的一段历史。

明嘉靖十八年（1540年），福建人李贵、安徽人许栋等与葡萄牙佛朗基海盗商人聚集双屿港走私。1545年，安徽人汪直（一名王直）引来3个日本海商参与走私。嘉靖二十七年，浙江巡抚朱纨派都司卢镗等进剿走私，擒斩李贵等。汪直逃出后，召集余部在海上集结，消灭闽广海盗陈思盼股，并以此邀功求明朝廷开海禁，朝廷不准，汪直于是占据金塘岛沥港，同明朝军队进行对抗。

面对汪直等的滋扰，明朝派军队进行围剿。1553年的闰三月，明都御史王忬派参将俞大猷、汤克宽进军夹击汪直，汪直率众突围，逃往日本，勾结日本浪人，不时地到沿海地区进行抢劫掠夺。1555年，总督胡宗宪诱劝汪直归降，汪直以"贷罪许市"为条件。1558年初，胡宗宪诱捕汪直①。汪直的余党毛烈等，踞守在岑港，扬言要为汪直报仇。当年11月，胡宗宪亲率大军进行征讨，命令俞大猷等封锁岑港南、北二口，戚继光、周官、杨伯乔等分左、中、右三路围攻。毛烈部战败后登船突围，遭到明军的阻击。明军乘胜追击，斩杀了毛烈部下百余人。毛烈率所剩的随从逃往白泉柯梅岭，从浦口落海。张四维等追至渔山洋，击沉毛烈部下船只4艘，斩杀了90余人，毛烈余部逃往福建洋面。

1559年12月，汪直被处斩。1561年4月，明军在马岙沙峧（今属小沙）、长白港等处剿灭零星残寇。至此，舟山抗倭战争结束。

（四）戚继光和岑港战役

在明朝的抗倭斗争中，戚继光和"戚家军"发挥了强大的作用，令敌人闻风丧胆。在定海的岑港，就留有戚继光抗倭的历史。

今天的岑港镇由富翅、里钓山、中钓山、外钓山、五峙山等14个小岛组成，风光秀丽，镇里保存的古建筑和石桥历经了岁月洗礼。在定海的军事历史中，岑港这个地名因为明朝抗倭名将戚继光而备受关注。明朝时期，日本倭寇屡屡侵犯我国海疆，劫掠百姓财物，危害百姓安全。在明朝抗倭的军队里，由戚继光率领的"戚家军"是一支闻名的军队，有力地打击了倭寇的入侵，保卫了国家的海防安全。1558年2月，岑港战役战斗激烈②，这场战斗一直持续了5个多月却未见胜负。为了消灭敌人，戚继光研究战略战术，造出威力强大的战船，研究出灵活有效的战术，在岑港的海战中大败倭寇。定海的抗倭战争是舟山抗倭战争中光辉的一页，在整个抗倭斗争中，定海发挥了重要的作用。

---

① 《定海县志》·军事·战事·《抗倭战争》。
② 《文史天地》上册·历史回眸·《戚继光舟山平倭与〈纪效新书〉》（车鸿云），第100页。

三、郑成功与定海

在郑成功抗清复台的历史中,舟山可以说起到了根据地的作用。郑成功在抗清的过程中,在舟山定海也发生过不少战斗。1653 年 3 月,郑成功派遣"前军定西侯(张名振)等水师恢复江浙"。① 郑军在舟山的海面上,攻入了金塘,斩杀了清军将领。

在清朝《定海厅志》中,对郑成功收复舟山做了简单的记载。1655 年,郑成功决定收复舟山。经过十余日的作战,舟山城守军无心抵抗,郑军进入舟山城,据当时的历史资料记载,"……官兵进城安民,草木不动,威声振江南……"郑成功收复舟山后,清朝廷派兵攻取舟山,与郑军数次交锋。1656 年,清军攻取舟山,守城的郑军撤离。1657 年,郑成功准备收复南京。期间,舟山渔民和农民纷纷参加郑成功和张苍水的军队,舟山渔民熟悉水性,擅长水战,作战勇敢,深受郑成功的喜欢。为了备战,张苍水在舟山积极准备,同时也修复经历了战火的舟山城。1657 年 7 月 2 日,郑成功率军在舟山和张苍水会师。在舟山期间,郑成功和张苍水修复城市,恢复店铺,使在战火中遭到破坏的老街道重新热闹起来。同时,郑成功在舟山召集军事会议,商量进攻南京的作战方法。在舟山的这段时间里,郑成功也为备战而练兵。位于定海道头的东岳宫山,就是郑成功曾经指挥军队演习的地方。如今,东岳宫山临海而立,依然可见海面的点点船帆,依然可见海鸥轻巧地掠过水面,在这苍山碧海之间,历史的墨迹里不乏惊心动魄的风云故事。可见,有历史的城市是有故事的,历史也使这样一座面积不大的城市具有令人深思的厚度。说到东岳宫山,其实原名是大椎山,因为在宋朝时期,也就是 1100 年,在山上建了东岳宫,所以也被称为东岳宫山。在东岳宫山发生的军事历史事件除了郑成功练兵,还有定海的一段重要军事历史,就是鸦片战争期间的定海保卫战,这里也是英勇的舟山军民与英国侵略军浴血奋战的古战场。

1658 年,郑成功在进军南京的途中遇到了飓风,军队和船只受损,郑成功选择了在舟山进行休整。这段时间,郑成功在舟山休整军队,重新操练大军,为进军南京做准备。1659 年 5 月,郑成功和张苍水到达金塘岛的沥港,继续进行备战练兵。在金塘的时间里,郑成功积极备战,留下了不少军事历史故事。此次攻打南京之战,因郑成功轻敌而失利,郑军只得撤退。途中,郑成功对舟山的布防做了详细安排。

从 1653 年到 1658 年的 6 年间,舟山可以说是郑成功抗击清政府的一个根据地,围绕着这片海域发生了多次海战。今天,当我们从跨海大桥上途经金塘抵达定海时,那在海风中波涛荡漾的海面上,渔船满载而归、云霞色彩绚烂,今天的人们难以想象数百年前的这片海面上曾经经历过的那一页沧桑。所以,寻访过去的历史,似乎更能使

---

① 《文史天地》上册·历史回眸·《鲁王余军加盟郑氏集团——郑成功与舟山之二》(谢振国),第 114 页。

人感慨今昔变迁、时代更替。

四、方国珍与定海

与定海有关的古代军事历史中，定海曾经作为元末农民起义军的根据地，成为义军与当时的朝廷对抗的有力屏障。虽然定海与宁波之间不过数千米的距离，但是，在航运并不发达的古代，一道海峡就足以担起天堑的作用，这也是定海成为兵家必争之地的重要原因之一。方国珍起义军就是将定海作为根据地的一支义军。

元朝末年，朝廷为了维护其统治，颁布实行了许多残暴的政策，致使百姓生活困苦，加之自然灾害的发生，许多人流离失所。但是，元朝政府非但不体恤百姓疾苦，反而横征暴敛，加重百姓的负担。在元朝政府的重重压迫之下，各地义军揭竿而起，反抗朝廷的暴政。方国珍起义就是其中之一。方国珍于元至正八年（1348年）起兵反元，至正十五年（1355年）春，他攻占昌国州（今舟山），在定海城里住了十多年，至正二十七年（1367年）十二月，在定海盘峙岛归降朱元璋。①

当时，方国珍义军以海船为家，在海上与元朝军队对抗，元朝政府派出军队追捕方国珍义军，但被义军打败。起义后，方国珍看中舟山作为义军的根据地，想攻下舟山立足。可是，在进攻的过程中，义军遭到了元朝军队的阻击，进攻一度受阻。但是，在遇到元朝军队的夹攻中，方国珍义军奋力抵抗，顽强作战，屡次将元朝军队击退，同时攻下城池。公元1355年，方国珍率领义军打败元朝军队，一举攻下了舟山。

说起方国珍这个名字，熟知舟山历史的人一定不会陌生，方国珍在舟山的10余年间，实行保境安民的政策，使当地百姓摆脱了元朝政府的横征暴敛，过上了安定的生活，得到实惠的百姓也很感激他。在《舟山市志》中有"八月十六为中秋节"的传说，据说是因为当时方国珍忙于率军守城，忘了过中秋节，他的家人于是等到第二天，也就是八月十六日才补过中秋节。后来，人们就将这一习俗沿袭了下来。

在今天定海昌国街道留方社区有3个并排的井，名"留方井"。据说，方国珍住在定海的时候，他的宅院里有一口井被称为方井，门前东南有一条河，被称为方河。到了清朝同治年间，方河被填掉了，原来的方井也被废弃，人们就在方河的北面造了三眼井，命名为"留方井"。如今的留方井并不是当初的方井，周边的环境早已不见当日的情景，但是，方国珍起义在定海的古代军事历史中的确是具有一定地位的，值得一书。如今，徜徉在定海老街老巷的夕阳下，在残存的只瓦片砖的痕迹里或许还能回想起历史在人们心中留下的许多记忆。

---

① 《文史天地》上册·历史回眸·《定海的古代农民起义》（何雷书），第86页。

留方井

五、孙恩起兵反晋

东晋隆安三年，也就是公元399年3月，琅琊人孙恩率领100多人在位于临城的鼓吹峰起义，得到当时吴郡、临海、永嘉、新安等8郡的数十万农民相继响应，起义队伍很快发展到20余万人，而且拥有战船500多艘。孙恩的起义军以定海作为根据地，先后攻占了当时的8个郡，而且还抵达了现在的连云港的位置。直到公元402年，孙恩率领起义军与东晋朝廷的军队进行了数次战斗，屡次击败了东晋朝廷军队。公元402年的3月，孙恩率领军队由海上再次进攻临海，因不敌朝廷军队遭到惨败，孙恩投海自尽。剩下的起义军在孙恩妹夫卢循的带领下攻占番禺，也就是今天的广州，继续抗晋到公元410年。起义军虽然失败了，但从时间上看，从公元399年到公元410年，孙恩起义一共持续了12年，沉重地打击了东晋朝廷。郭沫若就在《中国史稿》中评价说："这次起义的一个重要特点，就是起义农民建立了自己的根据地，并且非常重视根据地的经营。这是以前的农民战争所没有的。"

六、田流起义

在南朝宋时期的明帝泰始五年（469年），在舟山发生了田流起义。田流起义后，首先攻占了甬东，并且将甬东作为起义军的根据地，接着又占据了宁波沿海一带的山谷地带，田流自称东海王。因为田流起义军据守在沿海山谷，地势较险，南朝宋官军难以征讨。田流起义军不但不受南朝宋明帝的招降，而且攻县城、杀县令。公元470年，南朝宋朝廷派大军征讨田流部，田流的副将看到情况不妙，杀死了田流，田流起义失败。

七、袁晁水军自翁山攻苏杭

唐朝"安史之乱"后,为弥补因战祸导致的国库空虚,唐王朝在当时的江南一带追征战乱时8年的赋税,引起民不聊生、百姓怨恨。在当时的局势下,临海人袁晁于唐代宗宝应元年(762年)8月在天台起义,攻占了台州。[①] 10月,袁晁派遣起义军攻占明州,也就是今天的宁波,接着又渡海攻取了翁山,也就是今天的定海,起义军在战斗中发展到接近20万人之众。之后,袁晁起义军又与苏南农民起义军一起攻占了当时的江阴、常州,进入杭州湾,又与占领越州的袁晁西路军一起进攻杭州,不敌唐朝军队,没有攻下杭州。763年2月,唐朝派李光弼率领官军进入浙江围剿袁晁起义军,3月,袁晁兵败被俘后牺牲。袁晁弟弟虽然坚持抵抗,但还是在遭到唐朝军队的重重包围后不屈饿死。

八、金兵进攻昌国

金太宗天会七年(1129年)十二月,金国元帅兀术追击宋高宗赵构到了浙江。当时,赵构率领海船20艘抵达了昌国紫皮岙,也就是今天定海的紫薇乡(与双桥合并)。1130年农历正月十五日,金兵攻陷了明州,袭击定海(今镇海),金国派遣将领进攻昌国,听到赵构逃往温州后,向南追击300余里,遭到了南宋水师提领张公裕的阻击,金军于是向北撤离。

九、宋将张世杰自昌国攻浃口

元世祖至元十一年(1276年),元朝军队攻占浙江。南宋将领张世杰率领舟山军队入海,遭到元军的追击。1276年7月,张世杰率领1 000艘战船从当时的昌国出发,进攻浃口,也就是今天的镇海,没有取胜;8月,张世杰再次进攻浃口,又被元朝军队击退。1277年4月,张世杰率领军队到了今天的福州。

从上述古代的战争看来,定海是一座非常重要的军事要塞,发生在定海的古代军事历史事件较多。在我们今天更多地关注大的近、现代军事历史事件的同时,也应该多关注发生在古代的军事历史事件。

第三节 清末期发生在定海的海战

清朝末期,尤其是鸦片战争后,定海因为独特的军事地理位置受到兵家的关注。这期间,在定海发生了多起战争。在这些战争中,城市受到破坏,民众遭遇战火伤害,

---

[①] 《定海县志》·军事·战事。

舟山群岛 军事旅游资源探究

定海城在战争中历经磨难。对于这些战争的记忆，除了《舟山市志》、《定海县志》等文献资料的记载，留存的实物寥寥无几。不过，有战争的地方就有地名，如今的地名还在，也正是这些保留至今的老地名，将很多历史连贯起来。如果将定海的老地名与当时发生的军事历史故事进行整合，那一定也能成为一部辉煌的著作。

一、歼击艇匪

清咸丰九年（公元1859年），广东艇匪九丁股100余人占据岑港，驻天妃宫，假装为宁波府募兵，实则夜间进行抢劫掠夺①。艇匪凶悍善战，清朝官军不敢与他们直接交战。同治元年（1862年）闰八月二十六日，宁波巡道史致谔雇英国洋枪队乘3艘兵船到岑港去攻击艇匪，艇匪战败后窜入山谷，当地乡民围捉散匪，擒杀数十人。英兵登岸后放火烧屋，港口至街上都被焚毁。

二、太平军进攻定海

清朝末期，太平军也曾经到过定海，在定海与清军进行战斗。

清同治元年（1862年）正月，太平军黄呈忠、范汝增部谋划攻取定海。定海清军勇目王德润、黄金祥与太平军密约，组织甬东、盐仓乡民几百人埋伏在城外。11日，事情被泄漏，王、黄被杀，乡民散去。2月23日，太平军附天侯王义钧（一说：汪义钧）率领1 000多人从镇海柴桥渡海至芦花浦登陆。24日，太平军进军鳌头浦，清把总刘万青率兵到西溪岭进行阻击，战败身亡。太平军进攻北门，地主刘孝谐率400余人从祈雨山攻下，清兵从城内杀出，太平军腹背受敌，死伤很多，王义钧阵亡，余部退到镇海。

三、中法战争中的定海

清光绪十年（1884年），中法开战，沿海戒严。前台州知府成邦干带楚军一营到定海，与定海总兵贝锦泉设防备战。1885年2月，法远东舰队司令孤拔率舰艇追击南洋水师5舰，2舰沉于石浦，3舰避入镇海关，法舰追至金塘洋面。从3月1日开始，法舰炮轰镇海，登金塘岛取淡水，掠夺牛羊。法舰多次进攻镇海都被击退。战斗中，定海防守严密，镇海官兵奋勇抗击，孤拔受伤，法国侵略军企图占领定海、攻取旅顺、威胁北京的计谋未能得逞。

---

① 《定海县志》·军事·战事。

12

四、瞭望楼

瞭望楼位于定海区桑园弄13号。该楼建于清同治十年（1871年），系舟山乡民为定海城防，捐银14 000余两，花7年半时间建成。现为留方社区办公楼。

瞭望楼

瞭望楼的格局还在，顶部还保留着古建筑的风格。在定海这样一座具有悠久军事历史的古城，这样的历史建筑是很平常的。或许在以前，应该还有类似的建筑。瞭望楼体现了定海民众对防御的重视，也是定海军事历史资源中的一朵浪花。今天的瞭望楼成为现代人们工作的地点，继续发挥着作用，其古朴的风格也成为现代都市里一道独特的风景。

第四节　鸦片战争定海保卫战：170余年前的一声炮响

"第一次鸦片战争发生在1840年7月5日，英军向定海大举进攻，并于次日攻陷定海，大清王朝的领土第一次被外人侵占。有的史学工作者认为'这场战争才能算鸦片战争的正式开场'，我国著名鸦片战争史研究专家萧致治也赞同这一观点，他认为'说得也很在理'。"[①] 因为鸦片战争中，定海是被英军首攻的地点，而且，对于夺取定海，英方在战前就做了较长时间的酝酿。

在鸦片战争中，定海保卫战是其中较早的一场战役，驻守定海的清军官兵和民众抗击英国侵略者的战斗，可以说是中国人在鸦片战争中较早抵御外侮的斗争，表现出当时清军官兵英勇保卫国家领土、捍卫民族权利的崇高精神。同时，定海百姓的积极

---

① 《文史天地》上册·历史回眸·《鸦片战争：诉说舟山百年沧桑》（董瑞兴），第146页。

参与，也体现出中国民众英勇抵抗外来侵略、保卫家园的勇气，其中涌现的可歌可泣的历史人物更是英勇的舟山人民的代表，受到世代的歌颂和敬仰。1997年6月18日，舟山鸦片战争纪念公园举行了开园仪式。6月20日，浙江省暨舟山市纪念定海保卫战、公祭三总兵典礼在竹山公园广场举行。在定海的历史中，鸦片战争是一段重要的历史。

定海保卫战的硝烟已经散尽，可那段历史也在舟山这块海上绿洲中留下了深刻的记忆。那些曾经的战场上，遗留了许多的战斗痕迹，记录着曾经发生的烽火；那些古老的街巷中，保存着许多历史的点滴。舟山市对定海保卫战的历史非常重视，有专门的单位对这段历史进行了收集、整理，并集中进行展示，作为一项爱国主义教育的重要工作进行。

一、青山翠岭之间的鸦片战争遗址公园

竹山公园大门

竹山公园大门近景

第一章
定海区军事旅游资源状况

鸦片战争定海保卫战发生在位于定海城西的竹山和晓峰岭的"舟山鸦片战争遗址公园",也就是定海人熟悉的竹山公园。熟悉定海历史的人都知道,这里是19世纪40年代鸦片战争时期第二次定海保卫战的主要战场。为弘扬"定海三总兵"的爱国主义精神,舟山市人民政府于1995年10月在竹山和晓峰岭之间建遗址公园。公园占地面积10余公顷,1997年6月建成。主要景点有舟山鸦片战争纪念馆、三忠祠、三总兵纪念广场、傲骨亭、百将题碑、清军阵亡将士墓、仿古炮台等。公园自建成对外开放以来,先后接待了江泽民、乔石、尉健行等中央领导以及大批中外游客。2001年6月,舟山鸦片战争纪念馆被中共中央宣传部公布为全国爱国主义教育示范基地。"舟山鸦片战争遗址公园"的园名由舟山籍原中共中央政治局常委、全国人大常委会委员长乔石亲笔题写。

1996年3月,舟山鸦片战争遗址公园被中共浙江省委、浙江省人民政府命名为浙江省爱国主义教育基地;1998年9月被浙江省国防教育委员会命名为浙江省国防教育基地;2001年6月,舟山鸦片战争纪念馆被中共中央宣传部公布为第十批全国爱国主义教育示范基地。

(一)建遗址公园彰扬浩然正气

要了解鸦片战争定海保卫战,首先应该参观公园里的鸦片战争纪念馆。舟山鸦片战争纪念馆建在定海保卫战总兵王锡朋曾经镇守过的晓峰岭古战场遗址上,占地672平方米,是浙江省第一家以鸦片战争中国人抗击英国侵略者为内容的主题纪念馆。纪念馆外面建筑的顶部是古城墙的造型,墙面砖色彩略显斑驳,有古旧的气息。正门上的馆名"舟山鸦片战争纪念馆"为银白色的大字,这是原中共中央政治局常委、全国人大常委会委员长乔石题写的。因为地处竹山和晓峰岭之间,海拔约92米。一眼望去,公园掩映在一片葱郁之中。绿树环绕中的公园纪念建筑和景点错落有致地点缀其间,环境幽雅,竹山和晓峰岭相邻。公园大门风格古朴,门两侧两副对联,其中一副是"那六天洒流五千人英雄血,这一仗打痛每一颗中国心"。文辞之间流露出当时那场战斗的壮烈。绕到门后,依然有两副对联,其中一副是"血战竹山留得中华儿女英雄气概,弄潮东海弘扬黄帝子孙奋斗精神",字里行间表现出定海人保卫国家、驱除敌人的坚强决心,其英雄气概令人肃然起敬。

公园大门口是一个比较宽阔的广场,中间立着4根圆形断柱,这是公园的一个纪念景点。断柱看起来伤痕累累,以独特的伤痕和凹槽的造型警示人们不要忘记定海保卫战中144个小时的鏖战给定海城留下的创伤,不要忘记鸦片战争给中国人造成的耻辱和战争的悲壮。中间的柱子上有一篇简短的铭文,但是字迹太小难以辨识,其中的柱子上刻有"精忠报国"等字样。柱子下面则是介绍在当时战斗中壮烈牺牲的将军、官员的职务、名字、牺牲地点等的文字,其中有关于定海县令姚怀祥、总兵葛云飞、王锡朋、郑国鸿等人的介绍。

步入公园大门,路两旁排列着苍翠的松柏,游人不多,鸟虫时鸣,环境显得较为安静。放眼望去,眼前的石阶顺着山势蜿蜒而上。沿着石阶逶迤而上,迎面看到

竹山公园广场上的断柱

的是一块刻有"忠烈齐仰"4个大字的石碑,这里就是"百将题碑",也是竹山公园又一处有名的景点。在大石碑的后面,收集了新中国成立以来一批重要将领为遗址公园和定海三总兵的题词,其中有中央军委原副主席张震、迟浩田,全国政协原副主席洪学智等30多位将军的题词。题词都是金色大字,镌刻在黑色的花岗石上,每座碑高1.8米,宽1.1米。

参观了"百将题碑"后,继续拾阶而上,就到了"傲骨亭"。亭东面是"傲骨亭碑记"。亭上也有两副对联,其中一幅是"碧血化怒涛烈士贞风沐定海,丹心澄广宇英雄傲骨擎翁山",可以说写出了定海保卫战中抗英军民的傲然正气。

我们继续沿着石阶而上来到山顶。遗址公园的几个著名景点,舟山鸦片战争纪念馆、三忠祠、定海三总兵纪念广场等分布于此。

步入馆内,映入眼帘的是大厅屏板上乔石为纪念馆书写的林则徐纪念关天培的诗,诗的内容是"功高靖海长城倚,心切循陔老圃知。泡露英含堂北树,傲霜艺艳岭南枝。"馆内幽静,布置庄重,使人不禁感受到那份历史的厚重感。展厅中摆放的"定海第二次保卫战"的沙盘模型非常醒目,那场在中国人民的历史中留下了血泪记忆的战火仿佛在这个沙盘中静静流淌,警醒世人。纪念馆里的展览由"国耻篇"、"抗争篇"、"回归篇"三个部分组成。"国耻篇"讲述了鸦片战争的概况;"抗争篇"讲述了定海军民英勇抗击英国侵略军的历史;"回归篇"讲述了我国政府收回香港的

百将题碑

傲骨亭

历程。在这个纪念馆里，还陈列着很多珍贵的历史资料和实物，140多幅历史照片、20多幅展现当年历史场景的美术作品，中英双方交战时使用的战船模型以及武器、旗帜、服装等实物。通过参观纪念馆，人们可以基本了解定海保卫战的主要经过以及发生在期间的很多感人的故事。林则徐、关天培、葛云飞、王锡朋、郑国鸿等英烈的威武不屈，定海县知县姚怀祥严词拒绝英国侵略军、坚决抵抗的历史故事，定海乡民包祖才兄弟活捉英军上尉的故事，都在展览中有所讲述。在展厅里，有一幅规模很大的浮雕，表现了第二次定海保卫战第6天激战的壮烈场景。在浮雕前还陈列着铁炮，这是战争的见证，是历史的见证。纪念馆里，还摆放了英舰"威利士里"号模型和舟山博物馆设计制作的总兵船、战船的模型，这些模型能让参观者更直观

舟山鸦片战争纪念馆

地感受到，在兵器还相对落后的 19 世纪 40 年代，中国人凭借自己的实力和大无畏的精神，与武器装备优于自己的英国侵略者战斗，保卫自己的家园。

(二) 定海保卫战，定海最沧桑的一页

18 世纪末、19 世纪初，定海就以特殊的地理位置受到了英国人的觊觎。鸦片战争爆发后，英国侵略军企图占领舟山群岛，对定海发动了数次较大规模的进攻。定海百姓和清军官兵英勇抗敌，浴血奋战，保卫定海，捍卫了国家主权和民族尊严。

清道光二十年六月四日（1840 年 7 月 2 日），英国侵略军海军司令伯麦率"威里士里"号、"康威"号、"鳄鱼"号等 5 艘战舰，"马达加斯加"号等 3 艘武装运兵船，"阿拉利维"号等运输船 21 艘（一说运兵船 1 艘，运输船 10 艘），侵入定海海域①。从这一刻开始，定海正式卷入了鸦片战争的战火之中，而且就是在定海的竹山、晓峰岭和东岳宫山，发生了鸦片战争期间最为惨烈的一场抗英战斗。

根据各种文献记载上的资料，1840 年 5 月 22 日，侵华的英军总司令懿律以及海军准将戈登·伯麦带领 30 多艘战船和 4 000 余名士兵抵达了澳门，从 5 月 29 日起封锁广州珠江口。7 月 2 日，他们侵入定海海域。面对英国军舰的来犯，当时的定海知县姚怀祥毫不畏惧，登上英国的"威里士里"号军舰责问英国侵略军为何要蓄意进犯中国领土。但是，英将伯麦却拿出事先准备好的"照会"胁迫姚怀祥，要求他交出炮台，献城投降，遭到了姚怀祥的严词拒绝，他义正词严地表示，如果英国军队进攻定海，一定要与他们战斗到底。

其实，当时定海的兵力不多，只有 2 000 多人，而且武器装备也很落后，而英国侵略军却拥有坚船利炮。但是，守卫定海的军民并不惧怕敌人的威胁，他们同仇敌忾、

---

① 《舟山市志》·军事·《鸦片战争中的保卫战》，第 724－725 页。

第一章
定海区军事旅游资源状况

严阵以待,随时准备与敌人战斗。

7月5日下午,英舰"威里士里"号首先炮轰定海城,"康威"号等舰同时攻击清军的水师船队。清军水师总兵张朝发率领水兵2 000余人在衢头港抵抗英军的进攻,以沙船和土炮还击敌人。但是因为武器落后,难以抵挡敌人猛烈的炮火,张朝发在战斗中负伤,后落水遇难。英军登陆后占领了东岳宫山,向定海城内开炮轰击,炮声响彻夜空。当时,姚怀祥在定海城南坚守,等待援助。但由于敌人占据了东岳宫山的地势,炮口直指定海城,姚怀祥难以抵抗。第二天凌晨,定海东门就被英军攻破,姚怀祥负伤,只能退到城北龙峰山,随后姚怀祥投梵宫池为国殉职,定海城被攻陷。为了纪念姚怀祥,定海官民在其殉难的地方立了一个碑。城破的当天,城中许多不愿被侵略军侮辱的定海军民也纷纷以身殉国。其中,中营书记李昌达投方河殉难,他的妻子房氏也随他一起殉难。为了纪念他们,定海人在其殉难的留方井附近立碑。

英军占领定海后,开始大肆抢劫掠夺,扰乱地方民众生活,又逼迫定海的商号和渔船领照纳税。定海人民奋起抵抗,不给英国人粮食蔬菜,在水井内放药,断绝英军的水源,同时,定海人民自发地用鸟枪、铁叉、刀矛,在弄堂、山隘、河汊、港湾袭击英国侵略者。

"犁锄棍棒,皆可为兵;妇女老幼,咸知杀敌。"从当时这句流传于民间的口号可知,定海人痛恨英国侵略者的暴行,而且有敢于同敌人战斗到底的勇气。虽然官兵与敌人的战斗失败了,定海乡民并不屈服于敌人的炮火,继续在民间开展起打击侵略者的战斗。这种游击战的形式,给了侵略者沉重的打击。

当时,定海青岭有一位农民包祖才看到英军官兵在青岭测量地形,马上召集乡民带上锄头和大棒对他们进行打击,当场击倒一名英军士兵,抓住了一名英军军官。8月25日,英将伯麦致书浙江巡抚伊里布,要求释放被定海青岭岙村民抓获的英军上尉等,停止抗英。伊里布以交还定海为条件,在农历十月十三日,伊里布与懿律签订浙江休战协议,英军撤走一半。1841年农历二月初四,被定海青岭岙村民抓获的英军18人被释放,英军撤往澳门。

定海人民还在海上开展抗英斗争。9月18日,定海渔民就将一艘载着英国人的小船带到了俘虏他们的地方。定海人民自发组织起来的抗英斗争,令英国侵略军心惊胆战。

1841年2月25日,英军从定海撤走。但是,定海并没有平静多久,半年之后,一场更大的战火即将燃起,这就是更为惨烈的第二次定海保卫战。

清道光二十一年(1841年)二月,英军从舟山撤走,清政府派定海镇总兵葛云飞、处州镇总兵郑国鸿和寿春镇总兵王锡朋率兵3 000名进驻定海。钦差大臣裕谦到任后,支持葛云飞等修筑炮台、修土城等防务措施,并且增加兵力1 800名、大炮50门,弹药数万斤,又调派1 000名官兵以加强定海防务。葛云飞等在东岳宫山修建震远炮台,修筑竹山门至青垒头的土城。同年8月11日,英将璞鼎查率舰队再次侵犯舟山。

三总兵誓师抗击英军，保卫定海①。

这一年的9月26日，壮烈的定海保卫战正式打响。战争开始后，经过前面的部署，由葛云飞守卫土城，王锡朋守卫晓峰岭，郑国鸿守卫竹山门。在这次战斗中，英国侵略军以29艘舰船第二次侵犯定海，葛云飞、王锡朋、郑国鸿三位总兵率领5 800名将士，与英军血战6昼夜后壮烈牺牲，定海城再度沦陷。历史上称"这是鸦片战争中抗击英军最激烈的一战"。在东岳宫山上留着一座埋葬英军的坟墓（群众俗称红毛坟），墓碑上刻着："悼念英皇军第五十五团伍长及军鼓手十三名，及士兵四百零三名，死于舟山，一八四一年。"由此可见，在这场震惊全国的战斗中，定海军民虽然没有抵挡住侵略军的坚船利炮，但是他们英勇顽强的战斗给了敌人沉重的打击。

战斗打响后，8艘英舰闯入了定海港。葛云飞见机下令把炮口对准敌舰，亲自发炮，打死英军十多人，击断了英舰"布郎底"号大桅，该舰逃出吉祥门。不久，英国军舰又从大岠门入港进攻东港浦土城，清军以有力的还击击退了敌人。27日凌晨3点左右，英国舰队再次进攻土城，清军和敌人进行了8小时的炮战。28日，英军一面派出"摩底士底"号、"哥伦拜思"号、"复仇神"号3艘军舰向晓峰岭工事进行炮击，同时从盐仓海口登陆，进攻晓峰岭。王锡朋率兵及时增援晓峰岭，击退了英军。英军用小艇载士兵在晓峰岭下登陆，被葛云飞用炮火击退。但是到傍晚时，英舰占领了五奎山。29日，英舰炮轰土城和震远城炮台，葛云飞在土城开炮朝五奎山的英军轰击，打碎敌船1艘、帐篷5顶，打死打伤英军40余人。30日，英军从吉祥门攻打东港浦土城，被清军击退，英军转攻晓峰岭和竹山门，英军的进攻又被击退。英军于是调兵遣将，以4 000人以上的兵力重兵压境定海城。当天大雨，地面积水深，清军官兵只能在风雨中生火煮饭。当时，定海的守城官员给官兵们送粮食，城中的定海百姓也冒着炮火将饭菜送上了前线。虽然环境恶劣，但是守卫定海的官兵在三位总兵的感召和鼓励下，坚守阵地，与敌人作战。10月1日，英军乘大雾发起进攻，开始了全线进攻。英军将战舰增加到29艘，投入兵力约4 000人，一路继续进犯土城，一路向晓峰岭猛攻而来。守卫晓峰岭的王锡朋打退英军9次冲锋，后因弹药用尽，王锡朋及守军壮烈牺牲。英军占领晓峰岭后，沿着山路进攻竹山门，遇到了守军的英勇抵抗。郑国鸿英勇杀敌，中炮牺牲。葛云飞在土城率军奋战，遭遇英军从侧翼进攻，腹背受敌。葛云飞率兵直冲敌阵，与敌人展开了肉搏战，坠崖牺牲，所率亲兵全部阵亡。这场战役激战6天，清守军5 800人大部分牺牲，敌军伤亡数百人，定海再度沦陷。但是，定海人民不畏强暴，继续抗击侵略者。郑国鸿之子郑鼎臣等暗中集合水兵和船只，多次袭击英军舰船。在第六天的激战中，王锡朋指挥将士奋勇抵抗，连续击退了英军的9次进攻。打到后来，因为炮筒红透，无法装药，与敌人展开了肉搏战，王锡朋血战阵亡。郑国鸿在竹山门顽强抵抗，战斗从早晨打到中午，打到炮筒火红不能用后，带领士兵用大刀、长矛阻击敌人的进攻，战斗中被敌人的子弹穿透胸膛，壮烈牺牲。

在定海保卫战中，三总兵用自己的生命守卫定海，保护百姓，用自己的鲜血捍卫

---

① 《舟山市志》·军事·《鸦片战争中的保卫战》，第725页。

了一个民族的尊严，他们的凛然正气和不畏牺牲的精神赢得了世代人的景仰。

这一战，激战了6天6夜，清守军与敌人激烈搏斗，晓峰岭和竹山血流成河。这是鸦片战争中清军抵抗最激烈、悲壮的一场战斗。

1846年农历三月初九，清大臣耆英与英国代表德庇时签订了《英军退还舟山条约》。5月12日，江苏常镇道咸龄率定海厅同知王丕显等抵达定海，17日接管定海城门。

1856年，第二次鸦片战争爆发。1860年，英法侵略军再次侵占定海，9月，《北京条约》签订。1861年，英法侵略军从定海撤离。

（三）建三忠祠扬三总兵精神

遗址公园里还有一个重要的景区就是三忠祠。这是1846年根据清道光皇帝的谕旨，为祭奠在1841年9月，英侵略军第二次进犯定海时，率军顽强抵抗壮烈殉国的葛云飞、郑国鸿、王锡朋三位总兵而设的祠堂。清咸丰四年（1854年）建造，光绪十年（1884年）重建，1989年被列为浙江省重点文物保护单位。现在的三忠祠是1997年3月从定海人民南路和昌弄17号完整迁建于此的。迁建后的三忠祠占地1 360平方米，新增了文史室和书画室，陈列文物、图片、书画作品等。

三忠祠风格古朴，造型似一个四合院。定海保卫战中三总兵牺牲后，道光皇帝挥泪下旨："俟定海收复后建立专祠，供奉三总兵。"

进入三忠祠，映入眼帘的是一座3米高的汉白玉碑，上面刻着道光皇帝赏恤三总兵及阵亡将领的诏书。左边的厢房里陈列着三总兵的画像、遗物等，还陈列了定海知县姚怀祥的遗物。三忠祠正堂里是三总兵的塑像，高1.8米，三总兵神态凛然，令人肃然起敬。塑像上方悬挂着"忠荩可风"巨匾。

三忠祠

三总兵塑像

（四）纪念广场和竹山门炮台

在竹山峰顶，是"定海三总兵"纪念广场，这里也是当时定海保卫战战斗最激烈的地方。广场占地约600平方米，正南面是6米多高的"三总兵雕像"。塑像的北面是"定海三总兵"纪念碑。纪念碑底座是一组表现定海军民顽强抗击英军侵略者的主题浮雕。

三总兵雕像

在纪念广场的中央，立着3把巨大的宝剑，形状很像3片巨大的帆叶，这3把宝剑用不锈钢铸成，高3米，远远望去，有豪气冲天的气魄，不禁使人联想到定海保卫战中三位总兵率众浴血拼杀的壮烈场面。在3把宝剑的前面，是一座三总兵的花岗岩雕

纪念广场上的3把巨剑

像,经过巧匠的精心雕饰,三总兵的雕像神态坚毅,直视前方,仿佛正怒目观察敌人的动向。

在山岗的最高峰处,是竹山门烽火台。鸦片战争期间,当英国侵略军兵临城下的时刻,三总兵带领抗英官兵坚守各处据点,顽强抗敌。当年,这些古老的烽火墩在传递军情上起到了很大的作用,它们是历史的参与者,也是历史的见证者。竹山门古炮台遗址位于竹山南面半山腰,旧址仍在,烽火早已散尽,漫步在密林深处,心情久久难以平静,炮声虽已远去,今天的人们还可以凭借留存的旧址缅怀先烈们的功勋。如今,古炮已经从遗址挪到了舟山鸦片战争纪念馆,保存于馆内,供游人参观。

站在山顶,可以鸟瞰定海城。极目远眺,眼前的定海依山傍海,绿树成荫。海面上渔船穿梭,海岛上高楼鳞次栉比,一派繁荣景象。就是在这里,却曾经经历过惊心动魄的战斗,岁月的画卷上虽然留下了伤痕,但是定海人民总是能在风浪里张开一片绚烂的船帆,这也是今天的人们对先辈们的怀念。

(五)遗址公园其他纪念地

舟山鸦片战争遗址公园在修建时选址竹山,就是为了最真实地展现当时的历史。作为定海第二次保卫战的主战场,这片山林里保存有很多历史的遗迹。作为对历史最直接的记忆，这些遗迹充分再现了当时战斗的激烈。

抗英阵亡将士墓群

抗英阵亡将士古墓群，位于竹山半腰东南处，埋葬着鸦片战争定海保卫战中与英军作战壮烈牺牲的清军将士遗骸。激战后，定海民众自发地将数千名死难将士遗体埋葬在竹山之中。清道光二十六年（1846年）定海收复后，道光皇帝下诏书，给死难的抗英将士重新立碑。现存的墓茔是1997年5月建竹山公园时发现的，共有11穴。碑上刻"阵亡将士墓"5字，碑上方书"奉旨"。2004年6月，清军阵亡将士墓群被公布为舟山市文物保护点。

为了纪念定海保卫战中英勇牺牲的三总兵，在他们牺牲的地方立碑以示纪念。郑国鸿阵亡处位于三总兵纪念广场正南面的山腰处，葛云飞阵亡处位于竹山脚下，王锡朋阵亡处位于晓峰岭，紧靠舟山鸦片战争纪念馆的北面山脊上。这些地方也成了定海人在纪念活动时缅怀先烈的纪念场所。

作为一个纪念鸦片战争定海保卫战的主题公园，舟山鸦片战争遗址公园的建设规模还是具有一定水平的，而且公园里保存有很多关于战争的历史实物，在战斗的遗址上也开发了纪念场馆和建筑物，方便游人参观学习。而且，依靠竹山天然的山体景观，公园掩映在苍翠之间，也成为当地百姓休闲运动的场所。

从山顶沿着石阶缓步而下，沿途绿树在风中婆婆摇曳。想到竹山的地理位置，再看其山势，在170余年前，这样的地形应该是险峻的，足以成为攻守的关隘。所以，这里也成为双方对阵、拼杀的战场。

二、捍卫祖国海岛的定海官民

在定海保卫战中，当时的定海官员和百姓也积极投入到保卫定海的战斗中，其中有很多可歌可泣的人物和故事。

(一) 姚公殉难处

在前文的叙述中提到了定海知县姚怀祥面对英国侵略者的威胁毫不畏惧,大义凛然地拒绝敌人的无耻要求,在第一次定海保卫战中,坚守城池,与敌死战的英勇故事。姚怀祥殉难后,定海人为他立碑纪念。纪念碑位于定海区海山公园内,海山公园健身中心的正前方20米处。石碑一面是"姚公殉难处碑"几个大字,一面是"姚公殉难处碑记",叙述了发生在当时的历史故事。旁边另立一块石碑,根据上面刻的文字记载:姚公,即姚怀祥,福建人,清道光二十年(1840年)任定海知县。同年,英殖民者发动鸦片战争,六月初五进攻定海,初八城陷。姚怀祥不屈,投梵宫池自尽。道光二十六年(1846年),定海同知王丕显立碑纪念。原碑于"文革"期间被毁,1990年6月,舟山市政府重立。碑原紧邻梵宫池,后因陵园改造,梵宫池形状和面积有所变化。"姚公殉难处碑"于1997年12月被列为市级文物保护单位,2007年8月29日由舟山市人民政府重立。

姚公殉难处碑

这处纪念碑位于定海海山公园内,景点建设很简单,但是却记录了一位高风亮节的抗英官员不畏强权、勇于为国献身的精神。

姚公殉难处碑记

(二) 义士李先生殉难处碑

此碑立于定海留方井西侧,是市级重点文物保护单位。据碑文记载:道光二十年(1840年)六月,英军入侵定海,清军营书记李昌达不屈,投方河殉职。次日,其妻房氏随殉。同治七年(1881年)邑人古兰亭浚河为其立碑,额题"义士李先生殉难处"。后来,方河改修为留方井。

这个故事在前面的定海第一次保卫战中也有讲述。其实,在那个战火肆虐的年代里,定海的官员和普通百姓同抗英的清军将领和士兵一起,投入了激烈的战斗,同样也以勇于牺牲的精神捍卫自己的家园。这两处纪念地也是属于定海保卫战的记忆,尽管规模很小,甚至隐于定海老城区的街道里,但是,其爱国精神却是彰显的。

义士李先生殉难处碑记

第五节 抗日战争时期：定海军民联合抗击日伪军

抗日战争时期，日本侵略军在定海杀害定海军民，烧毁民房，毁坏船只。面对日军的暴行，定海军民拿起武器，团结作战，奋力打击日伪军，其中涌现了许多受到后人景仰的抗日英雄和抗日故事。

为了纪念在抗日战争中英勇牺牲的烈士，定海人修建了烈士墓，寄托对英烈的缅怀和崇敬。

一、临城烈士墓

在定海临城，建有烈士墓，具体地址位于定海区临城街道章家庙北首翁家墩山。临城烈士墓占地面积为200平方米。抗日战争时期，中国共产党定海县工委领导舟山抗日武装力量，英勇战斗，建立了以黄杨尖山为中心的定海东区抗日游击根据地。很多抗日英雄，血洒疆场，谱写了一曲曲悲壮篇章。为缅怀先烈，继承和发扬他们的爱国精神，在1977年建造了烈士陵墓。从形状上看，整座烈士墓呈椭圆形，墓前是一座高3.5米的纪念碑，碑上刻着35位革命烈士的英名。2000年3月，舟山市、区民政部门和临城镇为纪念抗日战争胜利55周年，在陵墓前建造了一座六角亭，亭内的黑色大理石碑上刻"革命烈士永垂不朽"8个大字。1995年8月，临城烈士墓被列为舟山市第二批爱国主义教育基地。

二、"杨静娟烈士被捕处"纪念碑

杨静娟烈士被称为"海岛刘胡兰"。"杨静娟烈士被捕处"纪念碑位于定海区马岙镇光三村黄鹤庵后山。在舟山烈士陵园，也就是定海海山公园里，也立着杨静娟烈士的雕像，寄托了定海人对这位在抗日斗争中英勇牺牲的女英雄的缅怀和景仰。

临城烈士墓

临城烈士墓石碑

1941年初，杨静娟等在马岙乡黄鹤庵以教师身份为掩护开展抗日活动。同年2月24日，定海日伪军在马岙乡疯狂搜捕抗日游击队员，杨静娟为掩护队友撤退，不幸被

海山公园里的杨静娟烈士雕塑像

捕。3月8日,在定海洋岙虎山与其他12名抗日志士一起惨遭日军杀害。1994年5月,马岙乡由群众自发集资在烈士被捕处建纪念碑。纪念碑高2.95米,宽0.85米,碑面刻着"杨静娟烈士被捕处"8个大字,碑背刻有烈士生平事迹。

三、抗日烽火中英勇抗敌的定海军民

抗日战争时期,日本侵略军对定海进行了多次袭击,中国共产党组织的抗日游击武装、洞岙区警察队,定海县国民兵团和定海百姓一起,英勇战斗,沉重打击日伪军。

1937年8月15日至1939年5月20日,日军18次派舰艇、飞机侵犯定海县境,炮击扫射县城,劫掠渔船和居民①。1939年6月23日3时左右,日本海军大佐来岛茂雄带领2个联队、6艘军舰、5架飞机侵犯舟山岛。日本舰艇"出云"号、"八重"号驶进定海港,并向县城开炮。日本侵略军分3路同时登陆,一路在沈家门墩头上岸,占领沈家门镇;一路从螺头登陆,经过晓峰岭扑入县城的西门;一路从田螺峙附近上岸,越过西溪岭,经小碶冲进县城东门,10时左右,定海县城陷落。城内守军县国民抗敌自卫团第一大队300余人未作抵抗,由县长苏本善率领撤出北门,之后在长春岭阻击尾追日军,战斗1个小时左右后撤离。

定海沦陷后,中共定海县工委负责人王起等转入东区农村,组建抗日游击武装。1939年7月,成立了吴榭乡自卫队,1940年2月,又成立洞岙区警察队。1943年春,原中共定海工委书记张起达在小沙乡组织武工队(后改称"东区征粮队")坚持敌后抗战。

县长苏本善于1939年底在镇海柴桥成立定海县国民兵团,开展游击战。

---

① 《定海县志》·军事·战事·《抗日战争》。

定海的抗日武装采取游击战术，成功打击日伪军，多次粉碎了敌人对定海各乡、村的扫荡。1939年冬，定海城内的日军袭击白泉乡，被国民兵团第2大队在鸭蛋岭阻击。1940年2月7日，日军下乡扫荡，定海县国民兵团第1大队在蚂蝗山与日军激战，击毙数名敌人，中队长曾鹏及4名战士阵亡。2月13日上午，沈家门日军1个分队进犯北蝉乡，被国民兵团第2大队在黄沙岙伏击。3月12日，日军川边中队前往白泉、北蝉等乡扫荡途中，与国民兵团第2大队在小支岙遭遇，第1大队闻讯增援，战斗持续到下午3点，国民兵团击毙日军10名，一中队指导员张叔馨（中共党员）牺牲。3月20日，县国民兵团派员在定海县城内伏击伪定海县自治会会长丁紫垣，当场将其击毙。7月6日，定海国民兵团某部在海上截获日军岱山丸轮，俘日、伪军20余名。①

1941年5月，北蝉乡大展据点的伪军100余人外出"清乡"，被洞岙区警察队途中伏击。1941年10月18日晚，洞岙区警察队袭击大展据点，伪军向日军求援。19日，白泉据点的日军出动增援，洞岙区代区长楼童生（中共党员）命警察队下海转移，自己率区署干部翁世俊、陈庆恒、董千里等回洞岙区署，可是，路经黄杨尖山时遭到了日军的袭击，楼、翁牺牲，陈、董被俘后被日军杀害。1943年5月22日，大展据点的伪军外出骚扰，被游击队在施家岙成功阻击。9月3日，日伪军包围了施家岙，游击队战士王群怀与敌搏斗牺牲，翁如意被俘遭杀害。在这段战斗期间，游击队5次潜入县城，棍毙伪自治会长丁紫垣，劈伤日军高桥指挥官，活捉并处决日伪特务、汉奸。

从历史资料中可以看到，当时的抗日斗争是艰苦的。日伪军会不定时地袭击定海各地，加上敌人的武器较为先进，使定海军民的抗日斗争面临困难的局面。就是在相对简陋的条件下，定海军民克服了各种困难，团结抗日，充分利用对定海地理的熟悉等有利条件，出其不意地打击日军，争取斗争的胜利。

从战术上看，定海的抗日武装力量充分利用了灵活机动的游击战术，对日伪军实施了多次成功的打击，保卫定海、保卫家园。在严峻的斗争形势下，抗日军民英勇顽强、不怕牺牲，用鲜血和生命捍卫民族的尊严和国家的利益。

第六节　解放金塘之战：波澜壮阔的重大胜利

定海与宁波隔海相望，属于定海辖区的金塘岛距离宁波近，是通往本岛的门户。1949年10月3日金塘登陆战就发生在这里。在解放舟山的整个战役中，这是一场重要的战斗，由此保存下来的战役地点、资料等也就成为解放战争中的重要历史资料。

今天前往金塘岛非常方便，连岛大桥将宁波镇海、金塘和定海紧密连接，搭乘公交车就可以登上金塘岛，而无须再借助船只海上颠簸。现在看来非常便利的一段旅程在当年却也称得上险途了，在交通工具不发达的过去，跋山涉海是勇士们才敢挑战的经历。金塘登陆战，就是在那样的岁月里，由中国人民解放军谱写的波澜壮阔的篇章。

金塘岛是舟山群岛的第四大岛，距离宁波仅3.5千米，距离舟山本岛6.25千米。

---

① 《舟山市志》·军事·《日军侵占舟山和抗日游击战争》，第728页。

第一章
定海区军事旅游资源状况

今天，从跨海大桥上路经金塘岛，看到碧海环绕中的岛屿绿树浓荫，房屋林立，海面点点船帆，一派繁荣富饶的景象。事实上，金塘岛土地肥沃，物产也富饶，近海丰富的水产、著名的金塘李子和贝母早已是家喻户晓。

东望舟山本岛，南临宁波北仑，金塘岛可以说是舟山群岛的第一道屏障，在波涛汹涌的大海之上，这样一座岛屿必然成为兵家必争之地。在中国人民解放军解放舟山群岛的战役中，金塘登陆战也的确成为打开舟山大门的一次极其重要的战斗。

其实，金塘岛自古就是军事要地。岛上因战争留有多处军寨的痕迹。在金塘岛上的炮台岗有烽火堠，东面的称为东堠，西面的称为西堠。据说，在宋高宗赵构在定海的紫皮岙躲避金兵期间，宋军就在金塘的炮台岗上设置了观察哨，也就是烽火堠。但也有民间传说，炮台岗是梁山好汉的营寨。不论何种说法，炮台岗的烽火堠是金塘岛上的古代军事设施，见证了发生在金塘岛的战争历史。

要了解金塘登陆战，当然要前往金塘，那里的金塘烈士陵园就是为纪念在战争中牺牲的革命烈士而修建的。

一、金塘烈士陵园

金塘烈士陵园位于镇东佛岭西侧，南北长45米，东西宽37米，总占地面积1665平方米，1978年始建，1979年建成，1999年进行了修缮。该陵园是为纪念1949年10月解放金塘岛战斗中光荣牺牲的中国人民解放军官兵而建。1993年3月，金塘烈士陵园被列为舟山市青少年革命传统教育基地。6月，被定海区人民政府定为定海区重点文物保护单位。1994年6月，被列为舟山市首批爱国主义教育基地。

"1949年10月3日，整个浙东沿海风雨交加，午后海面升起了漫天大雾。浙东前线人民解放军就要在这天夜里渡海东征，执行首取金塘岛，打开舟山群岛大门的任务。傍晚，风浪稍微平静一些了，海上迷雾已逐渐退散。突然，浙东海岸上第一声炮声打响了，接着全线炮兵阵地上50余门重炮争先恐后地轰响起来。7点，潮水涨平了，风浪渐渐小下来。我军长达20里的阵地上，3处起渡点的500只战船出动了。7里路的海面，不到半个钟头，对岸已升起了红绿信号。当金塘岛的山岩上迅速挂起三角灯的时候，就是英雄们已迅速登上了敌岸，强占了滩头阵地，冲上了山岩，打开了舟山群岛的大门。"这是刊登在1950年的《舟山日报》的一段文字，详细地描写了登陆时的情景。虽然登陆时遇到恶劣的天气，但是中国人民解放军却以排山倒海的攻势迅速渡海登陆，开始了解放舟山群岛的战役。

走进金塘烈士陵园，里面安静肃穆，大理石铺设的广场旁种植着樟树。陵园由广场、纪念塔、墓区三部分组成。纪念塔顶端是五角星塔刹，塔身刻着"革命烈士永垂不朽"8个金色大字，背面的碑文记载了当时解放金塘岛的经过。墓区内共有110座墓穴，长眠着144位为解放金塘岛而牺牲的革命烈士。2004年，在塔旁增建革命历史陈列室。2007年，金塘镇党委、政府对烈士陵园进行第一期改扩建工程建设。目前陵园占地面积18亩，由生态墓区、纪念广场、烈士塔、留芳台、孤廊架、廊架亭、青石栏扶杆、绿化区等纪念景区组成。每年的纪念活动时，金塘或其他地方的学校和单位就会组织大家到陵园扫墓、纪念先烈功绩。

金塘烈士陵园广场

金塘烈士陵园烈士塔

二、解放金塘岛登陆处

金塘岛上位于金塘镇新丰社区的柏塘岙就是当年中国人民解放军登陆的地方，在那场战斗中，这个地名非常重要。

因为登陆处是海滩，交通不方便，找不到车辆前往。经过当地人的帮助，找到了柏塘岙，在年代久远的居民木门上看到了"柏塘"的字样。应该就是这里，还是一片

海滩,前面是大海,后面是滩涂和沙地,几艘旧木船休憩在岸上。近岸的地方拉着网,想来是渔民拉网养鱼之所。周围的山丘遍栽绿树,山前零星的渔家小楼面临一顷碧波。不远处的海面上,还可看到小岛屿随着波浪起伏。一眼望去,这里显得非常安静和悠闲,时间也仿佛在缓缓流淌。可是,就是在这里,中国人民解放军冒着敌人的炮火,在急风暴雨里强行登陆,为解放舟山群岛打开胜利的大门。

柏塘

三、金塘登陆,打开舟山群岛大门

自1949年8月中旬至10月下旬,人民解放军参战部队对大榭、金塘、六横、桃花等岛先后发起攻击,盘踞各岛的国民党军队节节败退,逐渐形成对舟山岛的包围。①

(一)解放大榭岛

解放定海的第一战是解放大榭岛。1949年8月18日下午6点,解放军22军64师及66师196团,在22军山炮团配合下,向大榭岛发起进攻,与盘踞在大榭岛的国民党75军16师48团全部、46团一部和师警卫连约千余人展开激战。经过一夜的激战,国民党守军败退。19日早晨,国民党派出5架飞机和5艘兵舰载1个团反攻大榭岛,中午12点的时候在长坑村与田房村之间的山脚登陆。黄昏时候,人民解放军进行了有力的还击,并在20日拂晓全歼登陆的敌人,俘虏400余人。大榭岛之战中,中国人民解放军共歼国民党军1 448人。这场战斗的胜利为解放舟山拉开了序幕。岛上的大榭烈士陵园矗立着革命烈士纪念碑,记载着大榭岛一战的壮烈场景。

---

① 《舟山市志》·军事·《中国人民解放军解放舟山》,第732页。

（二）金塘登陆战

解放金塘是解放舟山战役中最重要的一次战斗，打开了通往舟山群岛的门户。在这场持续2天半的激战中，解放军英勇作战，一鼓作气成功登陆金塘岛，与岛上的国民党守军展开了激烈的搏斗。当时，天气变化，下起了倾盆大雨，在恶劣的环境里，解放军作战坚决勇敢，所向披靡。国民党军队在解放军强大的攻势下步步败退，解放军在这场战斗中取得了全面胜利。

在解放金塘的战斗中，解放军以66师196、197、198团及64师190团主攻金塘岛，65师194团为预备队。守军为国民党第75军102师的3个团及军炮兵营。师部驻扎在苏家桥，304团团部驻守老碶头；306团团部驻守柳行，补充团团部驻守沥港。国民党军队在沿海构筑了集团工事，从大浦口、柏塘岙，至大小泥湾、张万岙，10里左右就有地堡70多座[①]。面对敌人的工事，依靠木帆船渡海作战的解放军官兵需要克服敌人炮火攻击、风浪颠簸等重重困难。

当时，解放军以9个榴炮连、4个野炮连和6门山炮齐轰金塘岛的国民党前沿工事。18时半至19时，解放军190、198、196团乘约300艘木帆船从三山至老鼠山的沿海开始起渡。20时，198团就在金塘岛的柏塘岙强行登陆；190团突击大、小泥湾；196团进攻东岙、黄岚。197团于19时开始起渡，20时半在柏塘岙登陆。整个登陆战气势磅礴，进攻迅速，国民党守军在我军的强大攻势面前节节败退。当时下着大雨，解放军官兵在风雨中快速进攻、顽强作战，198团控制柏塘岙东西两侧后，迅速进攻三山炮阵地，占领老碶头、大象地，国民党军仓皇后退，解放军乘胜追击，4日晨攻占了大浦口。

在登陆取得前期胜利后，解放军继续迅速向纵深地带推进。196团夺取黄岚后，继续迅速作战，积极推进，成功攻下纱驴山、柳行、纺花山。197团沿着柏塘岙、大象地向围屏山挺进。190团夺取大、小泥湾后，连夜进攻，迅速攻占潭头山、宫山、大、小李岙、仙人山、长沙山。至此，解放军占领了金塘岛南半部，国民党军溃逃到老鹰山等地困守。

因为当时雨量很大，平地上都水流成河，对进攻造成了一定的困难。4日18时，196团从纺花山涉水前进，在5日拂晓攻占了沥港，国民党军副师长李湘萍率1个营逃往大鹏岛，师长朱式勤带领亲信百余人逃往舟山岛。4日21时，197团占领狮子山、龙毛山，5日7时抵达沥港。5日上午，解放军以1个营的兵力追击大鹏岛的逃敌，捉住了李湘萍等。

在这场战役中，解放军毙伤国民党军官兵233人，俘2 168人，投诚8人，歼敌2 409人。缴获了大量的重、轻型武器。解放军阵亡158人，负伤227人。

金塘登陆战是解放舟山的战役中非常重要的一场战斗，人民解放军官兵克服了渡海作战、天气恶劣等困难，在战斗中奋勇杀敌，快速推进，成功瓦解了敌人的防线，解放了金塘岛，为解放舟山奠定了坚实的基础。

---

① 《定海县志》·军事·战事·《解放定海之战》。

（三）解放定海

攻克金塘岛后，人民解放军于 10 月 23 日增调 23 军参加战斗。① 在发起解放定海的战斗之前，解放军积极进行了兵力部署，增调部队，为解放定海做了周密的准备。

当时，定海的国民党当局见解放军重兵压境，已经失去了固守定海的信心，为免遭全军覆灭，决定秘密撤退。但在撤退前，国民党军队频繁轰炸沿海地区，喧嚷要反攻金塘岛，封闭定海电信局，不准一船一人离开舟山，严密封锁消息。国民党特务机关枪杀被关押的"嫌疑犯"。国民党军队大批抓丁拉夫，在西码头等处杀害不肯去台湾的数十人。1950 年 5 月 13 日下午 19 时至 16 日晨，国民党军政人员分 3 个夜晚，从多个码头出发，分乘 41 艘舰船、撤走了 12 万余人及武器装备。

1950 年 6 月 16 日晨，解放军浙东前线指挥所获悉国民党守敌撤逃，急令 21、23、22 军分东、中、西三路进军各岛。东路 21 军 16 日夜占领登步岛，17 日进驻沈家门；中路 23 军 16 日晚占领大猫岛，17 日进驻定海城；西路 22 军 16 日夜占领册子岛，17 日晨在岑港登岸，进驻舟山岛，18 日占领岱山岛，19 日占领长涂岛，至此，定海全部解放。从 16 日到 19 日，中国人民解放军以迅雷不及掩耳之势横扫敌军，解放了定海。1950 年 7 月，舟山群岛全部解放。

解放定海战役可以称得上是渡海作战的一个经典战役。在整场战役中，人民解放军周密部署、推进迅速、全体官兵作战勇敢，以强大的攻势摧毁敌人的信心和工事，瓦解敌人构筑的防线，显示了解放军渡海登陆、海岛作战的强大实力。经过解放军的英勇战斗和定海人民对解放军作战的支持，定海作战取得了全面胜利，定海解放，这座海岛古城也迎来了崭新的历史时期。

第七节　解放战争时期：机动灵活的海岛游击战

解放战争时期，定海军民在海岛上开展了对国民党军队的有力打击，尤其是海上机动灵活的游击战术，在抗敌战斗中发挥了突出的作用。为了纪念那段历史，纪念为中国人民的解放事业英勇牺牲的革命烈士，定海建立了舟山烈士陵园，表达对英雄的崇敬和缅怀。

一、舟山烈士陵园

舟山烈士陵园，也就是定海人熟悉的海山公园，位于定海区昌国街道龙蜂山山麓，是为纪念在解放舟山战役中英勇牺牲的烈士所建。1988 年 1 月，舟山烈士陵园被浙江省政府列为重点烈士纪念建筑物保护单位；1994 年 11 月，被舟山市委、市政府列为"爱国主义教育基地"；1995 年 1 月，被浙江省委、省政府命名为"爱国主义教育基

---

① 《定海县志》·军事·战事·《解放定海之战》。

地";2001年6月,被浙江省国防教育委员会命名为"国防教育基地"。

海山公园大门

海山公园依山麓地形,沿着山坡从下往上建有海山增辉广场、喷泉广场、姚公纪念广场、景观台等。公园借助山势,绿树环绕,自然风光优美。这里是定海最大的公园,因此,既是舟山爱国主义教育基地,也是定海人休闲、晨练的场所,经常可见游人观光、休憩其间。

公园的大门造型是一个高大的石牌坊,显得古香古色,牌坊上"海山增辉"4个大字由郭沫若先生亲笔题写。该陵园于1959年开始建设,1964年竣工并对外开放。2001年至2006年,陵园的纪念建筑物进行了扩建和修缮。陵园占地22.5亩,主要纪念建筑有:陵园牌坊、烈士事迹陈列馆、忠魂堂、八角亭、悼念广场、纪念浮雕、烈士墓区、华东一级战斗英雄林茂成烈士墓、纪念碑,海军1385部队殉难烈士墓、纪念碑,原东海舰队司令员马龙将军烈士墓、东海抗日妇女英雄杨静娟烈士雕塑像和烈士纪念主塔等。

走进公园大门,四周树木耸立、灌木葱郁,游人往来其间,这里是定海人非常喜欢的一个休闲场所,每到节假日,定海人就会在这里举办各种各样的活动。

从山麓到山顶,沿途是牌坊、亭榭、碑亭、石梁等。顺着台阶和坡道往上走,沿路可以看到各种纪念景点,因为与青山相伴,公园里微风拂面,鸟语花香。

公园里最主要的纪念建筑是烈士事迹陈列馆、忠魂堂、烈士墓区。沿着公园的中轴线,从下往上走,正中间是烈士墓区:墓区分布于2处,共143穴,长眠着154位牺牲于不同时期的革命烈士。墓区南面立着3对石狮子,造型威武。墓区正中央是华东战斗英雄林茂成烈士墓,墓前的纪念碑高6.8米;东侧平岗上是海军1 385部队殉难烈士墓,正面的纪念碑高7.6米,碑上刻着38位烈士的生平事迹;西侧是东海抗日女英雄杨静娟烈士雕像。在龙蜂山冈最高峰上是一座高26米的由白色大理石砌成的烈士纪念塔,塔的正面刻的是朱德同志的题词:"为人民解放事业而牺牲的革命英雄们永垂不朽!"

烈士纪念塔

林茂成烈士纪念碑

舟山烈士事迹陈列馆

忠魂堂

在海山公园里建有革命烈士事迹陈列馆，位于墓区的前左方。走进陈列馆，大厅正中就是渡海作战油画，画面气势磅礴，表现了壮观的战斗场面。油画的两旁分别是毛泽东同志题写的"为人民而死，虽死犹荣"和邓小平同志题写的"用革命的事迹教育我们的后代"。展厅内陈列着各个革命时期牺牲的1393名革命烈士英名录、生平事迹等和著名英烈事迹展示等。

公园里建有忠魂堂，里面安放着为革命事业而牺牲的几位烈士骨灰。沿着山路往上走就到了悼念广场，广场正前方悼念台的照壁上刻着"向烈士致敬"5个大字，两旁为纪念浮雕。每到清明节时，定海人就会集中到悼念广场，缅怀先烈，表达敬意。

悼念广场

二、海岛上的游击战斗

解放战争时期,定海人民积极组织武装力量,与国民党军队进行了坚决的斗争。其中最有影响力的是舟山群岛游击支队(简称"舟支")和东海游击总队(简称"东总")。

1946年,国民党在其统治区横征暴敛,抓丁派款,激起大展、塘头一带渔农民的反抗。他们在徐小玉的领导下,先进行抗丁抗捐,于1947年春组织除奸大队,联合反对内战的国民党海军排长王荣轩等,将部队拉至镇海峙头,开展武装斗争①。当年6月,该大队接受中共华中军区海上工作委员会收编,更名为浙东第四自卫纵队。9月11日下午,自卫纵队在峙头炮台岗被浙江保安第五团包围,激战到深夜,20余人突围到定海马目乡桃花山。11月,纵队扩充到100多人,更名为舟山群岛游击支队,简称"舟支",支队长徐小玉,副支队长江之铭,政治主任肖华(王博平)。1948年1月10日,"舟支"在展茅乡塔岭成功伏击县保警第3中队。2月18日,"舟支"袭击田螺峙盐警队。又收缴了小沙、秀山、长涂、虾峙等乡自卫队枪支。24日,"舟支"在北蝉乡小展峧遭到县保警第1、3中队围攻,激战后击退敌人。5月,经中共苏中军区委员会(原华中军区)批准,建支队司令部,司令徐小玉,副司令李兆祥(张大鹏),政治部主任肖华,共计300余人。

"舟支"在定海海域也积极开展了对敌斗争。1948年1月6日,"舟支"在金塘洋面活捉并处决了金塘警察所所长顾仁甫。10日,在塔岭开展伏击,击毙了保警第3中队长兼沈家门军警联防主任王雪瑜及士警6人,"舟支"牺牲战士1人。2月18日,

---

① 《舟山市志》·军事·《解放战争中的海上游击战争》,第729页。

"舟支"袭击田螺峙盐警队,击毙1名敌人,俘虏敌人30余人,缴获步枪20余支,短枪2支。24日,与定海保警第1、第3中队在北蝉小展发生战斗,击毙保警队士兵6名、伤2名。

在解放战争期间,还有一支活跃在定海的武装力量,就是定海人非常熟悉的东海游击总队。

1948年4月,东海游击总队(简称东总)成立。渔农盐民纷纷参加"舟支"和"东总",海上游击战争迅猛发展。海上游击战争也是定海抗战的一个特色。

1948年2月底,中共三东工委江南武工队余力行等由镇海大碶移驻定海。3月29日在钓门与江之铭、王荣轩等组建东海游击总队,队员60余人,王起任政治委员,江之铭任副总队长,肖华任政治部主任,余力行任副主任,王荣轩任大队长①。"东总"成立后,积极扩充实力,开展武装斗争。成立后不久,"东总"就扩充到320多人。"东总"成立后,积极开展武装斗争,在吴榭乡油岭、皋泄乡弄堂岭、北蝉乡黄沙岙等地成功伏击、打击国民党军队,收缴敌人武器。在一系列的战斗中,"东总"成功地多次打击敌人。6月中旬,"舟支"特务中队在金塘沥港袭击并缴获官僚商船1艘,俘虏押船的国民党军队排长等9人,缴获机枪1挺,长短枪10余支和大批物资。7月17日,"东总"袭击金塘警察所,缴获长短枪10余支、收发报机1台。20日又收缴盘峙乡自卫队长短枪11支。下旬,江之铭率"东总"在洋山截获常安号机动船,缴获步枪13支。

8月中旬,王起率"东总"200余人撤往天台山区收缴乡自卫队枪支,在21日被国民党军2 000余名、16艘舰船及2架飞机包围,经过激烈战斗,"东总"伤亡过半。90余人分散突围,途中遭到敌人的袭击,多人牺牲。余力行等18人于12月初进入四明山,1949年1月抵达天台山区。

解放战争时期,"舟支"、"东总"坚持与国民党军队进行斗争,打击敌人,缴获武器和物资,"舟支"官兵在战斗中奋勇作战、勇于献身,多次给敌人以沉重打击,保卫舟山百姓的权益。同时,"舟支"和"东总"的抗敌斗争也极大地鼓舞了定海百姓打击敌人,争取胜利的信心和勇气。

三、东海游击总队在定海的战斗岁月

在定海的解放战争历史中,东海游击总队(以下简称"东总")是一个响当当的名字。在定海期间,"东总"组织过多次对国民党军队的有力打击,为保护定海、解放定海做出了突出的贡献。

(一)东海游击总队北蝉黄沙战斗遗址

北蝉黄沙战斗遗址位于定海区北蝉乡新港社区黄沙岭山。

---

① 《定海县志》·军事·战事·《解放战争时期游击战》。

根据资料记载，1948年6月19日下午1点半，驻守在北蝉黄沙村东海游击总队第1大队第3中队的瞭望哨发现有敌人炮舰驶来，第1中队在北蝉黄沙村被浙保第5团2个连、定海保警第1、第3中队及海军4艘炮艇包围，指挥员命令部队紧急集合，拉上山头，占领有利地形。敌人炮舰向"东总"阵地开炮，没有见到还击就开走了。可是到了下午3点左右，敌人突然分几路扑来，第3中队战士在黄沙岭占领各个制高点，在副大队长江之铭亲自指挥下迎击来犯之敌。由于"东总"抢先占领了有利地形，在战斗中给了敌人沉重打击，致使敌军损失惨重，保警、税警、盐警等死伤13人，"东总"受伤、牺牲3人，还缴获一批武器弹药。

（二）东海游击总队油岭伏击战遗址

油岭伏击战遗址位于定海区临城街道油岭岙。1948年5月27日，"东总"在吴榭乡油岭伏击下乡征兵的定海县民众自卫总队和保警第3中队一部，毙其分队长1名，伤4名。"东总"牺牲战士5名，伤中队长1名。

伏击战的当天，东海游击总队得到情报，国民党定海自卫总队将于当日路过油岭岙下乡进行抽壮丁活动，并伺机进行骚扰破坏。"东总"当即集结第3中队、第5中队等共200余人，配备机枪数挺，由王荣轩大队长、第3中队刘凯队长等指挥。原来预计敌人会在当日上午9点左右路过油岭岙口，可是实际上，敌人到12点左右才到，这时，"东总"已经在岙口两侧埋伏了近4个小时。敌人出现在伏击圈前面时，突然发现情况异常，扭头就往后跑，敌人后续部队见此情景，当即停止前进、就地隐蔽在一处水塘边上。"东总"见敌人不进伏击圈，马上开始追击，于是，战场情况变成了敌人有所依托，而"东总"官兵却暴露在开阔地上，致使伏击战变成了遭遇战。由于情况突变，这次战斗虽然给敌人造成一定杀伤，但没有达到全歼敌人的目的，而且"东总"也有一定伤亡，刘凯中队长负伤，张阿定、夏自由等同志牺牲。

（三）东海游击总队旧址

东海游击总队成立旧址位于定海区北蝉乡新港社区钓门，其中建有东海游击总队史迹陈列馆。从地理位置上看，钓门位于定海的北部，面对黄大洋水域。这里的地理位置比较偏僻，便于军队隐蔽，而且因为临着大海，一旦发生情况，可以迅速从海上进行疏散。因此，从作战位置上而言，这是进退自如，易守难攻的地方。东海游击总队就设立在此处。1989年，北蝉乡被浙江省人民政府命名为抗日战争时期革命老区。

2009年，定海区史志办和北蝉乡人民政府联合向浙江省党史研究室申报"浙江省党史胜迹保护工程专项资金"，用于东海游击总队成立旧址的开发保护。2010年7月，定海区史志办和北蝉乡政府建立了"东海游击总队史迹陈列馆"，展厅面积约30平方米，设有展板13块等，向群众进行爱国主义教育。馆名由舟山市新四军历史研究会会长、"东总"老战士王家恒同志题写。

东海游击总队旧址

四、洞岙农民抗粮暴动旧址

洞岙农民抗粮暴动旧址位于定海区临城街道洞岙。1946年夏,时值农民青黄不接之际,国民党定海县政府派警察下乡征粮,要农民每天供应警察吃喝,引起农民不满。坚持在洞岙的中共地下党支部通过农会,组织农民进行合法斗争,结果取得胜利。

洞岙农民抗粮暴动旧址虽是一处简陋的民房,但在定海解放战争的历史中,这个普通的地名却是定海百姓勇敢反抗敌人残暴统治的真实记录。

洞岙农民抗粮暴动旧址

第八节　散布在定海街巷中的军事陈列馆和纪念馆

作为军港的舟山，军事历史非常丰富，军事历史资源也不可小觑，在定海的村镇和街道里，就建有很多军事陈列馆和军事历史馆，通过陈列的文字，向人们叙述着定海军民英勇战斗的历史。

一、"洛阳营"营史馆

"洛阳营"营史馆位于定海区白泉镇金林村，重建于1998年6月，总占地面积1 334平方米，展厅面积508平米。"洛阳营"于1944年8月在鲁南苍山成立，在革命战争年代，全营官兵转战17个省区，屡立战功，涌现出19个英雄集体和百余名功臣模范。1948年7月7日，被华东野战军命名为"洛阳营"。进驻舟山后，"洛阳营"继承和发扬了革命战争年代的战斗作风和优良传统，积极参加地方的经济建设，支援地方进行抢险救灾，为建设舟山、保卫舟山做出了贡献。2004年7月23日，时任中央军委主席的江泽民同志亲临该营视察，并亲笔题词：磨砺精兵、固守海防。1994年6月，"洛阳营"营史馆被列为舟山市首批爱国主义教育基地。

"洛阳营"营史馆

二、"人民英雄连"连史室

"人民英雄连"连史室位于定海区北蝉乡灯塔村，修建于1984年6月，总占地面积600平方米，展厅面积440平方米。"人民英雄连"于1938年春在山东泰山组建。在革命战争年代，全连官兵南征北战、英勇战斗，涌现出108位英雄人物和"立训文选排"、"遵纪模范排"、"突击模范班"等英雄集体。1948年8月1日，被华东野战军第3纵队命名为"人民英雄连"。进驻舟山后，全连官兵继承和发扬连队战争年代的优良传统和作风，曾6次荣立集体二等功，16次荣立集体三等功，多次被上级评为标兵连队和先进连队。2000年，"人民英雄连"连史室被列为舟山市、定海区国防教育基地。

三、舟山警备区军史陈列馆

舟山警备区军史陈列馆，位于定海区昌国路舟山警备区司令部内。1984年筹建，1987年7月27日正式落成开馆。整个军史馆建筑面积1 240平方米，有各种图版1 200幅，江泽民、刘华清、迟浩田等党、国家和军队领导人题词17幅。1994年，舟山警备区军史陈列馆被列为舟山市首批爱国主义教育基地。

四、"勤俭创业修理连"连史室

"勤俭创业修理连"连史室位于白泉镇金山社区，占地1 200余平方米，展厅面积500平方米。"勤俭创业修理连"于1959年由两个修理所合并组建。连队贯彻毛泽东同志勤俭建军的方针，自力更生、艰苦奋斗，闯出了一条勤俭创业的路子。1966年2月3日，连队被国防部授予"勤俭创业修理连"的荣誉称号。连队先后荣立集体一等功1次、二等功11次、三等功23次。1994年，"勤俭创业修理连"连史室被列为舟山市首批爱国主义教育基地，1998年被命名为浙江省国防教育基地，2008年3月被中共浙江省委、省人民政府命名为浙江省爱国主义教育基地。

五、舟山地委（专员公署）旧址

舟山地委（专员公署）旧址位于昌国路61号（现定海区委大院内）。1953年2月，中共浙江省委决定成立舟山专区，办公地点从王家大屋搬到昌国路61号。1958年11月撤销舟山专区，成立舟山县，直属省领导。1962年6月撤销舟山县，重设舟山专员公署。1980年改舟山专区为舟山地区行政公署。1987年1月，撤销舟山地区行政公署，设立舟山市，实行市管县行政体制。虽然舟山行政区划经过多次调整和变更，但昌国路61号一直是舟山党政领导机关办公地点。2005年2月，舟山市委、市政府机关搬到临城，昌国路61号变成定海区委、区府办公地点。

六、海军92910部队军史馆

海军92910部队军史馆位于定海环城南路，修建于1992年，展厅面积150平方米。海军92910部队于1950年9月28日在上海组建，同年10月27日移驻舟山本岛。60多年来，部队先后参加和组织解放浙东沿海岛屿、头门山海战等 142 次战斗；保卫南沙、科学实验、海上运输、东海及黄海大陆架测量；守岛建岛、护渔护航、抢险救灾等重大任务，涌现出一大批先进集体和英雄模范人物。1994 年，海军 92910 部队军史馆被列为舟山市首批爱国主义教育基地。

七、海军 91991 部队军史馆

海军 91991 部队军史馆位于定海区盐仓街道。1996 年 11 月建成开放，馆名由中央军委原副主席刘华清上将亲笔题写。展厅占地面积约 1 000 平方米。海军 91991 部队于 1949 年在上海组建，1958 年移驻舟山。新中国成立初期，就承担起浙东沿海护渔护航的重要任务，多次参加沿海保卫战，曾先后执行上百项重大任务。海军 91991 部队军史馆于 1997 年被列为舟山市爱国主义教育基地，1998 年被中共浙江省委、省人民政府命名为浙江省爱国主义教育基地。

八、中共定海县工委机关后岙旧址

中共定海县工委机关后岙旧址位于定海区白泉镇金山社区后岙长生堂，现为后岙下前山路 87－89 号。长生堂于 1982 年改建为民房，现存前院道地遗址。1940 年 1 月，中共定海县工委书记王起派中共党员吴敏诚、杨志行到白泉后岙长生堂以开办小学为名建立工委机关。吴敏诚任校长，杨志行负责教学、做党建工作。不久，因后岙工委机关活动被敌伪觉察，于当年 4 月撤离后岙迁往吴榭。

九、中共定海县工委旧址

中共定海县工委旧址

中共定海县工委旧址老房屋

中共定海县工委旧址,位于定海区临城街道惠民桥村何家岙陈屋里。1940年4月,因后岙工委机关活动被敌伪觉察,中共定海县工委迁至陈屋里。1991年,舟山市文物管理办公室和定海区委党史办联合对该地进行整修,并于当年"七一"前挂牌。旧址现有房屋5间,总面积200平方米。1993年,中共定海县工委旧址被公布为定海区文物保护单位,1995年8月被列为舟山市第二批爱国主义教育基地。

十、定海特派员机关道头祥裕肉店、念亩墩旧址

定海特派员机关道头祥裕肉店旧址位于定海区环南街道卫海路,现已拆除。1944年10月,中共定海县特派员徐朗为摆脱国民党顽固派的追踪,从皋泄转移到道头祥裕肉店,以做生意为掩护,建立特派员机关,开展地下党和情报传递工作。11月,该机关迁到现环南街道念母墩谢家88号。任命葛维风为城区特派员,准备长期潜伏,发展组织。1945年7月15日,徐朗离开定海调往四明山根据地工作,定海、岱山两特派员机关合并,该机关也随之撤销。

十一、定海特派员机关皋泄舒家旧址

定海特派员机关皋泄舒家旧址位于舟山市定海区白泉镇平湖社区。1943年1月,定海县工委改为特派员制,钱铭岐被任命为中共定海县特派员。同年10月,钱铭岐奉调离去,由徐朗接任,在皋泄舒家以教师身份为掩护,全面负责舟山本岛地下党组织工作,领导和指挥定海抗日游击根据地的党、政、军和群众组织的建设,发展抗日武装力量,进行抗日斗争。1944年10月,为摆脱国民党顽固派的追踪,徐朗从皋泄转移到定海城区,该机关随之迁至道头。

十二、中共定海城区支部旧址

中共定海城区支部旧址位于原定海慈云小学，现为舟山市定海廷佐小学。1946年3月，遵照宁波地区党的负责人王起的指示，中共定海城区支部在定海慈云小学成立。时任校长的胡时杰担任支部书记，当时有党员5名，其中4人在慈云小学担任教员，后来党员发展到11人，由中共定海县特派员詹步行领导。1948年1月后，由中共浙东临时工作委员会委员、组织部长王起直接领导。同年6月，党支部书记胡时杰撤离定海，支部主要成员分散隐蔽。

第九节　定海军事历史资源对定海建设发展的价值

经过一段时间的调研，定海悠久的军事历史在我们面前展开了博大的画卷，定海丰富的军事历史资源令我们震撼。这是一个认识的过程，也是一个学习的过程，当一座城市将其历史的一个部分充分展现出来时，我们除了感动还是感动。其实，作为一座历史悠久的海岛城市，定海是具备一定知名度的，尤其是现在，定海在经济发展和城市建设方面的成就日益突出。那我们研究定海军事历史资源的意义又在哪里呢？军事历史资源对一座城市的价值又如何体现呢？在调研的过程中，我们一直在努力寻找。

一、定海军事历史资源成为提升定海知名度的一个新的增长点

现代城市的建设和发展都很注重品牌效应，有特色的城市也更容易进入人们的注意范围，从而为这座城市的经济发展聚集更多的资源。因此，城市也讲究经营，经营自己的特色，宣传自己的优势，也因此吸引自己的"粉丝"，为经济和社会的发展营造出良好的氛围。

城市的知名度需要品牌来支撑。品牌其实也是一种文化，是具有深厚内涵的文化，是能够得到大多数人心理认同的文化。对一座城市而言，能够体现高水准的文化品位，能够受到大众的认同，是提升知名度的一个重要因素。我们经常听到"历史文化名城"这样的称谓，其实，这样的称谓也是城市给人的品牌效应，说明这座城市具有丰富的历史沉淀，具有优秀灿烂的文明，在现代的发展中，能在深厚的历史积累的基础上，迸发出现代文明更加璀璨的光彩。作为拥有数千年文明历史的中国，很多城市都是历经了千年风雨的洗礼，留给现代人丰富的历史资源财富。定海，就是这些古老城市中的一员。那么，对于定海形象的塑造而言，其历史也是一个重要的方面。

但是，历史是由很多方面组成的综合体系，我们要在定海军事历史资源上突出定海，就必须先找准这里的历史亮点，从具有特色的历史资源上发掘城市某一个方面的深度或者说内涵，以此为提升城市的知名度提供一个平台。通过这次的调研，我们发现，定海的军事历史资源可以作为一个新的亮点。这样说的理由其实很简洁明了，一

是定海自古就是军事要塞，发生在这里的不少战争在历史的发展脉络中是有代表性的，能够引起大众关注和兴趣的；二是定海因为地理位置的原因，其军事历史是与海洋和海岛密切联系的，这样的历史资源是有特色的，而品牌的载体恰好需要特色。

同时，从我们调研的过程中发现，定海的军事历史资源虽然很丰富，但有很多地方可以进行深入的研究，有很多资源有待进一步的建设和开发。从军事历史的角度解读定海，定海的视野可以拓展得非常广阔。我们深刻体会到，这是一个很有历史的城市，也是一个很有故事的城市。当然，我们对定海军事历史的研究还很浅显，这期待更多专家、学者和历史爱好者的加入，只有更多的人来关注定海的历史资源，那么定海的深度才能更好地展现出来，吸引更多人对定海的深层次解读，吸引更多人来开发定海的深度，从而全面提升定海的形象。这其实也是我们研究定海军事历史资源的一个重要目的。

二、定海军事历史资源可以提高定海的地域影响力

在中国东海这样一片辽阔的海域上，在中国漫长的海岸线上，定海只是一片很小的城区。我们常说，一座城市要有自己的名片，要亮出自己的特色。那么，城市的名片上就应该有城市醒目的标志。

在美丽富饶的东部沿海，有很多经济发达、文化深厚的城市，这些城市组成了东部美丽的风景线。在这条吸引着人们前来创业、生活、旅游观光的风景线上，每一座城市都是一道明丽的色彩。有的城市经济发达、商业繁荣，有的城市风景秀美、旅游业兴旺，有的城市人文历史景观富有特色、引人注目，这些都是城市的标志，使城市在地理坐标上能够凸显出来。在这样一个灿若星辰的城市群里，定海从综合实力上而言还是处于发展状态的，很多方面有待提高。那么，要在这样一块富有竞争力的地域上亮出自己、吸引眼球、争取资源，定海需要醒目的标志来提升城市名片的分量。通过这次对定海军事历史资源的研究，我们发现军事历史资源可以成为定海城市名片上的历史特色和文化特色。如果将这部分资源保护好、开发建设好，可以为定海提高地域知名度起到一定的作用。

一方面，定海的军事历史具有很强的连贯性，从汉代到解放战争时期，定海的军事历史仿佛一部生动的军事史籍，记录了很多丰富的战争故事和历史人物，足以满足研究者史学研究的需要，也能满足普通大众学习、参观的需要。其实，已有不少学者在关注定海的军事历史，并且有专著出版，可见，定海的军事历史资源在研究的层面上是非常有价值的，也能够在历史的典籍中书写出灿烂的篇章。同时，定海的军事历史资源还没有经过系统的精细研究，这也为专家、学者和研究爱好者提供了充分研究的空间。另一方面，定海的军事历史资源位置相对集中。虽然历史发生的地方会有相当的距离，但是因为定海本来面积小，看似分散的历史遗迹或旧址在这样一个不大的城区里，其实实际空间距离并不远，这也是定海军事历史资源的一个特点。这样的特点对于旅游的保护和开发是很有好处的，因为这样的地理特点对于旅游资源的整体开

第一章
定海区军事旅游资源状况

发、旅游线路的组织、游客的食宿便利等都提供了很好的基本条件。

因此，在提高定海地域影响力方面，军事历史资源是可以起到很重要的作用的，但关键还在于如何去开发利用好这样丰富的资源。基础资源是开发的前提，提升资源的价值、凸显资源的价值，让历史资源真正成为定海知名度和影响力的增值点，这才是调研之后最重要的工作。

三、定海军事历史资源为增强定海的传播效果提供丰富的素材

城市要宣传，宣传需要载体，需要扎实的素材。经济实力是载体、城市建设是载体、知名人物是载体、文化特色是载体、历史资源也是载体。在定海，军事历史资源非常丰富，军事历史故事很多，这些都可以成为宣传定海的有力载体，可以成为优秀的传播素材。当然，要达到好的宣传效果，还需要对这些资源和素材进行开发，这也是我们进行此项研究的目的。

从宣传效果而言，定海军事历史资源是很好的素材。第一，作为爱国主义教育素材，定海军事历史资源已经发挥了很突出的作用，并且将继续发挥更好的作用。第二，作为定海红色旅游的线路，定海军事旅游资源也日益受到关注，不少旅游团队，尤其是学校组织的旅游团队会将定海的军事历史资源作为学习和参观的一个重点。第三，作为研究领域的素材，如前文所述，定海军事历史资源已经在学界受到了关注，吸引了不少专家、学者研究、撰文。仅从这三个方面而言，定海军事历史资源在宣传定海方面具有很强的传播效果，能够实现不错的传播效应，对全面提升定海的整体形象、提高定海的公众影响力起到显著的作用。

定海的军事历史资源对定海而言是非常有价值的财富，如何将这些资源保护好、开发好、建设好，让这些资源成为定海城市名片上的一个亮点，这是需要所有定海人认真思考和参与的工作。我们希望通过这样的研究，能增强人们对定海军事历史资源的关注和重视，使这些资源在提升定海知名度、增强定海的影响力方面发挥更大的价值和作用。

第十节 定海军事历史资源开发现状

定海是一个军事历史悠久的海岛城市，军事历史旅游资源十分丰富。定海因其独特的海岛地理位置，又使其历史上的军事战斗具有海战的特点，这也是定海乃至舟山的军事历史资源上具有开发价值的一个亮点。但同时，我们在调研中发现，定海的军事历史虽然悠久，但对这部分资源的开发保护方面还存在很多问题，这些问题都需要认真思考并积极研究解决的方法。

定海，位于中国东部的舟山群岛，是一座具有千年历史的文化古城。由于其特殊的战略位置，定海在历史上发生了很多重要的军事战役，留存有不少军事历史故事和遗迹。为了纪念军事历史事件中可歌可泣的人物和事件，各个时代的定海人民树碑立

传，记录历史，将先辈们崇高的民族气节和爱国精神告之后人。新中国成立后，我国政府非常重视对发生在定海的重要军事历史事件资料的收集和整理，专门修建了纪念馆、纪念碑等宣传爱国主义精神。比如，为纪念鸦片战争中的定海保卫战，修建了舟山鸦片战争遗址公园；为纪念解放军金塘登陆战，修建了金塘烈士陵园；为纪念解放舟山战役，修建了舟山烈士陵园；为纪念大榭岛之战修建了大榭烈士陵园；为纪念定海军民的抗日战争，修建了临城烈士墓等。同时，舟山市委市政府多次对这些纪念建筑进行了修缮和扩建，将这些纪念场馆申报为市级和省级的爱国主义教育基地、国防教育基地、革命传统教育基地。

另外，定海还有许多革命军事馆址，比如，"洛阳营"营史馆、"人民英雄连"连史室、舟山警备区军史陈列馆等，其中陈列了很多珍贵的领导题词、历史照片、文物、展板、文字说明等，对定海军事历史上有较大影响的事件进行了较为详细的介绍。同时，定海还保存有一些革命军事遗址，比如舟山地委（专员公署）旧址、东海游击总队北蝉黄沙战斗遗址、中共定海县工委机关后岙旧址等，这些地方曾经是定海军民抗击敌人、英勇战斗的旧址，留下了很多动人的战斗故事。

为了深入研究定海军事历史资源开发利用前景，我们对定海的军事历史资源进行了认真调研，对定海军事历史资源的开发利用现状有了一定了解。

一、重大军事历史事件基本都建有纪念场馆

同大多数城市一样，定海很看重发生在历史上的重大历史事件，重大军事历史事件就是其中重要的一部分。定海的重大军事历史事件发生地大部分建有纪念公园或纪念馆，其中，收集整理了许多与事件相关的文物、文字资料和图片，修建了各种参观景点，方便人们参观瞻仰。

（一）纪念公园和场馆具有一定的规模，景点格局进行了规划，具有学习、参观和游览功能

舟山鸦片战争遗址公园占地面积10余公顷，1997年6月建成。公园内建有三忠祠、抗英阵亡将士古墓群、百将题碑、断柱、"定海三总兵"纪念广场、傲骨亭、郑国鸿阵亡处、葛云飞阵亡处、王锡朋阵亡处、竹山门烽火台、竹山门古炮台遗址12处主要景点。公园原名竹山公园，位于定海城西的竹山和晓峰岭，借助周围山体自然风景，绿化环境比较好，游客在参观学习的同时也能游览周围的风景。

金塘烈士陵园位于金塘镇东佛岭西侧，总占地面积1 665平方米，1979年建成，1999年进行了修缮。陵园由广场、纪念塔、墓区三部分组成，2004年在塔旁增建革命历史陈列室。2007年，金塘镇党委、政府对烈士陵园进行第一期改扩建工程建设。目前陵园占地面积18亩，主要景点包括生态墓区、纪念广场、烈士塔、留芳台、孤廊架、廊架亭、青石栏扶杆、绿化区8处。

舟山烈士陵园于1959年开始建设，1964年竣工并对外开放。2001年至2006年，

陵园的纪念建筑物进行了扩建和修缮。陵园占地 3.6 公顷,主要纪念建筑包括陵园牌坊、烈士事迹陈列馆、忠魂堂、八角亭、悼念广场、纪念浮雕、烈士墓区、华东一级战斗英雄林茂成烈士墓、纪念碑,海军 1385 部队殉难烈士墓、纪念碑,原东海舰队司令员马龙将军烈士墓、东海抗日女英雄杨静娟烈士雕塑像和烈士纪念主塔 14 处。

这些纪念场馆在修建时具有一定的规划,以后又经过一些扩建和修缮,目前是定海军事历史资源保护开发中保护得比较好的纪念建筑,这些建筑也先后被评为市级和省级爱国主义教育基地。

(二)纪念场馆虽然具备了一定规模,但是对军事历史的宣传教育材料多为静态形式,缺乏动态的、体验式的学习和教育资源

定海纪念公园和场馆中收藏的文物较多,建筑也颇具规模,其中也陈列了很多珍贵的历史资料,比如文字资料、历史照片等。但是,这些纪念和学习资料都是静态形式,缺少系列影像、视频制作等动态形式,也缺乏让参观者可以模拟操作、感受当时战斗场景的体验式形态。

(三)大型纪念场馆大多修建在军事历史事件发生地

比如,舟山鸦片战争遗址公园的修建地点为定海城西的竹山和晓峰岭,此地正是 19 世纪 40 年代鸦片战争时期第二次定海保卫战的主要战场。金塘烈士陵园就修建在金塘岛。

(四)大型纪念场馆的修建地多是依山而建

舟山鸦片战争遗址公园位于定海城西的竹山和晓峰岭,金塘烈士陵园位于金塘镇东佛岭西侧,舟山烈士陵园位于定海区昌国街道龙蜂山山麓,这从一定程度上使纪念建筑周边的绿化环境较好,增强了旅游的吸引力。

(五)纪念场馆的参观人数不多

目前,这些纪念公园和场馆主要参观方式多为单位和学校在一些纪念日组织员工和学生参加爱国主义教育活动,对于其他游客的吸引力还不太高。因为定海作为海岛,对于外地游客而言,更多的注意力集中在了海洋文化、美食等方面,对于定海在古代和近现代军事历史上的地位知之甚少,因此,这些记录了定海重要军事历史记忆的大型场馆还没有受到外地游客更多的关注。

二、革命军事历史场馆尚未形成较大的影响力

定海的革命军事历史场馆较多,但分布于城区街道或是社区、乡镇等地,而且基本上是一馆一主题,相互之间距离较远,而且在设计和建设上缺乏相互之间的关联。

（一）革命军事历史场馆较多，并且主题集中，基本上一个纪念场馆是一个主题

定海因为地处中国海防前哨，涌现了很多优秀的军事集体、人物、事迹，因此，定海有一些场馆是以此为主题，宣传中国人民解放军优良的作风和顽强的战斗精神。"洛阳营"营史馆、"人民英雄连"连史室、舟山警备区军史陈列馆、"勤俭创业修理连"连史室、海军92910部队军史馆、海军91991部队军史馆展现了解放军官兵在革命战争年代的英雄事迹，同时也展现了官兵们继承和发扬革命战争年代的战斗作风和优良传统，记载了他们为建设舟山、保卫舟山做出贡献的优秀事迹。

（二）革命军事历史场馆的陈列物以文字和图片资料为主

在这些军事历史馆址里，陈列的展览物主要是国家领导人的题词、文字介绍资料、图片等，资料比较齐全，进行了分类陈列。

（三）这些革命军事历史馆址多位于定海的一些街道，或者是乡、村，地理位置和标志不明显，不容易引起人们的关注

"洛阳营"营史馆位于定海区白泉镇金林村，"人民英雄连"连史室位于定海区北蝉乡灯塔村，舟山警备区军史陈列馆位于定海区昌国路舟山警备区司令部内，"勤俭创业修理连"连史室位于白泉镇金山社区，海军92910部队军史馆位于定海环城南路，海军91991部队军史馆位于定海区盐仓街道。因为每个馆址都在不同的位置，要形成系统的旅游参观学习路线，目前在交通上有一定的难度。

三、军事历史纪念遗址缺乏建设和保护

作为千年古城的定海，在历史上发生过很多较大的战斗。除了舟山鸦片战争遗址公园这样比较大型的纪念建筑外，其他发生在定海的古代战争遗址缺少建设和保护。

（一）部分古代战争遗址经过了简单建设

鸦片战争时期的姚公殉难处位于定海区海山公园内，"姚公殉难处碑"于1997年12月被列为市级文物保护单位，2007年8月29日由舟山市人民政府重立。"义士李先生殉难处碑"立于留方井西侧，为市级重点文物保护单位。同归域位于定海城北祁雨山山麓，即海山公园东北角，于1962年被公布为舟山县文物保护单位，1979年被公布为舟山地区文物保护单位，1997年被浙江省人民政府公布为省级文物保护单位。金塘"平倭港碑"位于金塘岛沥港下街头，为市级重点文物保护单位。这些古代的军事遗址是当时的官民为纪念在战斗中牺牲的人士所立，后又经过各个时期的保护和简单修缮。目前，这些遗址经过岁月的打磨，又没有得到整体建设，大多沉默在偏僻的地段，不容易引起参观者的注意。

（二）部分古代军事历史遗址缺乏保护

因为一些古代的军事遗址的位置由于城市的变迁而隐没在街头巷尾，没有得到足够的保护，因此出现了一定的破损。比如，"平倭港碑"历经400多年的风雨洗礼，但上面却有随意涂画的印记，甚至还被用来晾晒衣被，作为木工的工作场地，虽然作为市级重点保护文物，却没有得到应有的保护。

（三）部分军事历史遗址难以找到具体位置

从定海的历史资料里看出，定海古代发生过不少战争，但是因为时代的更替，不少军事历史遗址都散落在街巷里弄或山野树林，有些甚至连标志都没有，只能依靠年长的当地人凭借依稀的记忆指出其位置，而对于当时发生的场景就难以进行考证。而且由于交通不便，即使有标志的遗址也鲜有人问津，更谈不上开发保护。比如，东海游击总队北蝉黄沙战斗遗址位于定海区北蝉乡新港社区黄沙岭山，东海游击总队油岭伏击战遗址位于定海区临城街道油岭岙。在这里，"东总"曾与敌人展开过激烈的战斗，但是目前，这里只有一个地名，没有与当时战斗相关的纪念性的标志。

四、革命军事旧址位置不明显

在定海还保存着较多的革命军事旧址，一部分还保留有简陋的老建筑或是老地址，一部分却因为城市的改建被拆除。

（1）定海在抗日战争时期和解放战争时期留下了较多的革命军事旧址，但是多年来缺乏保护和开发，人们对这些地名并不熟悉。舟山地委（专员公署）旧址位于昌国路61号（现定海区委大院内）。东海游击总队成立旧址位于定海区北蝉乡新港社区钓门。中共定海县工委机关后岙旧址位于定海区白泉镇金山社区后岙长生堂，现为后岙下前山路87-89号。长生堂于1982年改建为民房，现存前院道地遗址。中共定海县工委旧址位于定海区临城街道惠民桥村何家岙陈屋里。定海特派员机关道头祥裕肉店旧址位于定海区环南街道卫海路，现已拆除。定海特派员机关皋泄舒家旧址位于定海区白泉镇平湖社区。中共定海城区支部旧址位于原定海慈云小学，现为舟山市定海廷佐小学。洞岙农民抗粮暴动旧址位于定海区临城街道洞岙。这些地名可能对一些年轻的舟山人而言都并不太了解，地点偏僻，缺少纪念建筑，因此受到的关注也不多。

（2）一些军事旧址被拆除，缺乏标志。因为城市建设，定海的市容也发生了很大的改变，有些地方经过拆建后，老建筑已不复存在，部分与老建筑有关的军事旧址也失去了地理标志。

（3）部分军事旧址位于街道民居，破坏得比较严重。当时的军事旧址大多是位于一些民居当中，这些老建筑或者年久失修，或者重新翻建，或者已被拆除，这也是造成一些军事旧址得不到较好保护的原因。

五、军事历史资源没有得到系统的、整体的开发

从整体而言,定海的军事历史资源目前的开发状态是单个开发多,系统的、整体的开发少。定海有历史记载的军事斗争可以追溯到汉朝时期,之后也发生过大大小小的不少战役,虽然古代战争的遗址和文物难以寻找,但历史记载是完整的,可以作为一个系列进行开发;定海的抗倭斗争、鸦片战争时期的定海保卫战都属于保卫民族尊严和国家主权的爱国主义系列;解放战争又是定海军事历史上一个极为重要的篇章。在定海已经开发的军事历史资源方面,没有将这些军事历史进行较完整的、系统的分类,因此使目前定海在军事历史资源的开发和利用方面出现了分散的状态,力量不集中,没有形成较好的合力。

六、军事历史资源开发宣传环节薄弱

除了一些发生在定海的主要战役,比如鸦片战争定海保卫战、解放战争中的金塘登陆战、定海的抗日游击战争等较为被人知晓以外,发生在定海的其他战斗并没有被人们,尤其是舟山以外的人更多了解。一方面,是由于之前对这些军事历史资源缺少开发和建设;另一方面就是在宣传上力度不够。一个城市的文明需要建设,但也需要进行足够的宣传。目前,即使就定海的几大纪念公园和场馆而言,虽然是开发建设力度相对较大的军事历史资源,但参观人数并不多,人们一般是在某个历史纪念日,在单位的组织下前去参观学习,平时主动去学习参观的人并不多,而外来的游客对这些地方也不了解,旅游线路上也很少将之列入游览范围。

其实,定海的军事历史资源对定海的整部历史而言是非常重要的,是定海城市文明不可或缺的重要组成部分,也是人们全面认识定海的一个重要方面,但是多年来,定海人对自己的这部波澜壮阔的军事历史缺乏宣传意识,使得定海的军事历史资源没有受到足够的关注,也就没有得到足够的开发。

第二章
普陀区军事旅游资源状况

普陀一词在佛教《华严经》中为"一朵美丽的小白花"之意。舟山市普陀区位于舟山群岛东南部，因境内佛教圣地普陀山而得名，是舟山市的一个市属区。全区共有大小岛屿455个，有人居住的有32个。全区辖4镇3乡5街道，区治沈家门街道。总人口31.9万人，面积6 728平方千米，其中海域面积6 269.4平方千米，陆地面积458.6平方千米，海岸线总长831.43千米，是海洋大区，陆地小区。

普陀旅游资源十分丰富，以"海天佛国"普陀山、"沙雕故乡"朱家尖、"东方渔都"沈家门及"金庸笔下"桃花岛，构成独特的普陀"旅游金三角"。具有佛教文化、山海景观、渔村风情、海滨度假、海鲜美食等丰厚的旅游资源。其中自然景观以海、沙、山、石、洞、礁等为主，类型众多。

普陀的军事旅游资源也十分突出。从明朝的抗倭、清朝的鸦片战争（定海城）、解放战争中著名的登步岛之战及有非常多历史故事的双屿港、东极里斯本丸事件等，都留下了非常宝贵的遗迹。

第一节　登步岛上的军事旅游资源

1949年11月3日夜至6日凌晨发生的登步岛战斗奠定了今日台海两岸格局，其作战遗址散布全岛各处。当年激战的重要制高点，如流水岩、炮台山、大山、张网湾山、野猪塘山等地，现今主要开发为由烈士纪念碑、战斗陈列馆、西岙青少年国防教育基地等组成的军事旅游景点。

一、惨烈的登步岛战斗

1949年11月3—5日，为解放登步岛，中国人民解放军第三野战军21军61师182团、183团奉命向盘踞在登步岛的国民党军221师发起攻击。在登步岛15.3平方千米的弹丸之地，61师以5个营的兵力与国民党有飞机、军舰火力支持的6个团兵力浴血

奋战两天三夜。61师后援不济，果断撤出战斗，退回桃花岛。此役，双方伤亡均极其惨重。国民党军被人民解放军毙伤俘3 396人，其中"伤亡官长121员、士兵2 704人"。61师伤亡1 487人，其中阵亡396人。此战之悲壮，可谓惊天地泣鬼神。

  1949年夏，随着宁（海）象（山）战役的胜利结束，整个浙江大陆全部解放。在解放浙江大陆的过程中，歼灭敌正规军并不多，这主要是因为国民党反动派知道在大陆上无法与人民解放军抗衡，故在战略上把主力收缩到以舟山为主的海岛，妄图凭借其海空优势，负隅顽抗；同时以舟山为基地，封锁长江口和杭州湾，袭扰上海、杭州等重要城市。根据中国人民解放军三野的部署，组织了舟山战役，以22军为主，配以21军的61师。从1949年8月开始，22军主力由穿山半岛向北，先后攻占了大榭岛和金塘岛；61师由穿山半岛南侧，先后攻占六横岛、虾峙岛，并于10月17日一举解放桃花岛。当时人民解放军既无空军，又无海军，全凭经过短期训练的北方"旱鸭子"和少数船老大，驾着动员来的木船、在波涛汹涌的大海上，与敌人的飞机军舰搏斗，并取得解放舟山外围岛屿和歼灭大量敌人的胜利，这本身就是世界战争史上的奇迹。但也应承认，随着战线的延长，船只保障、后勤供应方面存在的困难和暴露的问题也日益增多。这点，单独负责一个方向、占领岛屿较多的61师感受颇深。因此该师曾数次提出进行一个时期修整和准备船只的意见。但最后还是根据上级指示，于11月3日，发起对登步岛的攻击。

  桃花岛解放后，舟山本岛，特别是主要港口沈家门，守敌如惊弓之鸟，因此把登步岛当做最后屏障，不仅在这弹丸小岛上驻守了221师师部、661团全部和662团两个营，构筑了大量的工事和障碍，并在沈家门、朱家尖集结了具有海、空机动能力的强大预备队。11月3日，人民解放军61师以182团全部和183团1营为第一部队；183团3营及2营一个连为师预备队，计划在登陆后，迅速攻战炮台山、涨网湾山等制高点后，猛插鸡冠礁，控制码头，切断敌海上逃跑的退路，阻敌海上增援。根据以往逐岛作战的经验，必须在天亮前结束战斗，使敌之海空优势难以发挥。原定11月3日20时登陆，因调动船只延误了2个小时。22时，182团3营、2营一个半连和183团1营在桃花岛炮火支援下，驾着小船，在大雨中，渡过2 000米宽的海峡，冒着敌人滩头阵地的猛烈火力，冲上了登步岛，并迅速插向纵深。可是，22时30分，突起逆风，潮水旺退，船开不出去，后续部队未能及时渡海投入战斗。因此，当晚参加战斗的兵力实际上只有7个半连。已登陆部队，以迅速勇猛的动作，攻占了制高点，将敌主力打乱，俘敌600余人，控制了该岛3/4的地区，并将残敌压缩到鸡冠礁村及沿海一隅。但由于兵力过于薄弱，加上天色已明，未能完成占领码头的战斗任务。

  4日6时30分，敌75师224团与67师202团，在飞机的掩护下，由沈家门乘军舰驰援登步岛。敌援军在鸡冠礁登陆后，即在空中、海上火力支援下，向流水岩等人民解放军阵地发动猛烈进攻。至此，空前激烈、空前残酷的争夺战开始。驻扎在岛上的人民解放军部队，在无水喝、无饭吃、无工事依托、无援军的情况下，不断打退敌人的轮番攻击，每一座山头都反复争夺，子弹打完了，就拼刺刀、枪托、洋锹、石头，在人民解放军第 183 团 1 营的阵地前，敌人遗尸 800 多具，可该营也只剩下 30 多人了。敌人一方面用飞机、军舰封锁桃花岛与登步岛之间的海峡，阻止人民解放军的增援和后勤支援；同时继续向登步岛增派了 224 团、200 团及 67 师之 201 团、199 团和军警卫营，并向人民解放军阵地连续猛攻。由于敌我力量过于悬殊，183 团伤亡很大。中午 12 时，守卫炮台山的 183 团 7 连，在连续打退敌一个团 5 次进攻后，遭到较大伤亡，撤出了制高点炮台山。态势对 183 团十分不利。4 日晚 9 时，人民解放军第 61 师师长胡炜亲率 183 团 3 营和 2 营的一个连，182 团 1 营和第 5、6 连，师侦察连、警卫连和"92 炮"连，相继投入登步岛。他们登陆后，仍向原定的目标鸡冠礁攻击前进，意图控制港口，扭转不利形势。但敌兵力过多，又有海空支援，攻击未能奏效，战事呈现胶着状态。5 日，敌机敌舰的火力更为猛烈，增援部队源源登陆。8 时后，又以优势兵力向 183 团发动进攻，183 团在竹山、野猪塘山、流水岩等阵地击退敌 10 多次进攻，击毙击伤并俘虏了一些敌人。5 日 2 时，61 师指挥员分析了战场形势，认为敌我力量悬殊，以现有力量已无法歼灭当前之敌和控制全岛，遂决定主动撤出战斗。撤退从 5 日傍晚开始施行，6 日凌晨 1 时 30 分撤退完毕。①

在登步岛 15.3 平方千米的弹丸之地，解放军 61 师以 5 个营的兵力与国民党配有飞机、军舰火力支持的 5 个团兵力进行了历时两天三夜的浴血奋战，先后歼灭 3 400 余人。我军也付出了伤亡 1 400 余人的惨痛代价，380 余名指战员长眠在登步岛的青山绿水中。

183 团指战员开展军事民主，将盘踞舟山敌军的防御
工事制成沙盘，研究作战方案（王利明翻拍）

二、登步岛战争遗址公园

登步岛战争遗址公园由登步岛战斗烈士纪念碑、登步岛战斗陈列馆、渔农民文化休闲广场、西岙青少年国防教育基地组成。

---

① 引用刘胜勇：《穿过弥漫硝烟的舟山战役——谨以此文献给在解放舟山战役中英勇献身的革命烈士英雄们!》。

（一）登步渔农民文化休闲广场

登步渔农民文化休闲广场坐落在登步岛革命烈士纪念碑山脚下，是舟山市爱国主义教育基地——登步岛战斗遗址公园的重要组成部分，共投资 180 万元，于 2006 年 5 月初建成。广场不仅成为广大渔农民休闲的场所，更成为进行爱国主义宣传教育的场所和传播精神文明的地方。

登步渔民文化休闲广场

（二）登步岛战斗烈士纪念碑

登步岛战斗烈士纪念碑建于 1999 年，共投入 50 万元。纪念碑高 15.7 米，碑体为两翼四棱式结构。主场地呈长方形，长 24.5 米，宽 16.5 米，占地面积 400 平方米。碑体正面以褐红色花岗石面为底面，镌刻"革命烈士永垂不朽"8 个镏金隶书文字；碑体背面主板上书人民解放军原 61 师师长胡炜同志手迹"与宝岛人民同在、共碧海青山长存"字句；碑基背面为褐红色花岗石平面，镌刻《登步岛战斗革命烈士纪念碑碑文》。登步岛战斗烈士纪念碑落成以来，已接待原 61 师老战士、舟山海军基地、舟山警备区等部队及普陀区内外游客 1 万余人，逐渐成为人们缅怀先烈、接受爱国主义和革命传统教育的主要基地。

（三）登步岛战斗陈列馆

登步岛战斗陈列馆几易其址，新馆于 2005 年落成，是普陀区首批廉政文化基地。陈列馆共占地 150 平方米，分上下两层：一层为接待室，二层为展出室。馆名是原 61 师师长胡炜将军亲笔所书。馆内展出有图片和实物，并设有大型沙盘一个，模拟当年的登步岛战斗。登步岛战斗陈列馆随时为群众和外岛游客免费开放。

老战士在登步革命烈士纪念碑留影(徐飞舟摄)

(四)登步乡西岙军事教育基地

登步乡西岙军事教育基地是普陀区青少年国防教育基地。现有军事化宿舍15间,床位120张,活动场地1 500平方米,障碍训练场200平方米,垂钓场及无线电测向仪、竹船、烧烤炉等活动场地和设施。开设了海滩晒盐、无线电侧向、跨越障碍、队列训练、战壕重游、巧渡金沙江、扫地雷、鱼塘垂钓、烧烤、篝火晚会、紧急拉练等活动项目,是进行国防教育和军事体验的一个很好基地。[①]

三、青龙山革命烈士纪念碑

青龙山革命烈士纪念碑位于普陀区沈家门街道青龙山顶,占地面积1 320平方米,紧靠东港区,面向繁荣的沈家门渔港,四周青松环绕,环境十分优美。纪念碑是为了纪念在登步岛战斗中英勇牺牲的中国人民解放军第21军61师380名革命烈士,颂扬他们的革命业绩,教育广大人民群众而修建的。

青龙山革命烈士纪念碑于1983年12月1日破土动工,经过半年的精心设计和施工,于1984年4月30日建成。同年5月17日——舟山解放34周年纪念日举行落成典礼。整座纪念碑由碑座和碑体两部分组成,总高15米,全部用钢筋混凝土浇制。其中碑座高2.8米,长11米,宽6米,表面采用乳白、粉红两种大理石贴面,碑座正中乳白色大理石上镌刻着原21军军长滕海清同志亲笔题写的"登步岛战斗中英勇牺牲的革命先烈永垂不朽!"19个镏金大字,正背面大理石上镌刻的是普陀区人民政府为悼念先烈而撰写的《登步岛战斗革命烈士纪念碑文》,在登步岛战斗中壮烈牺牲的380位革命

---

① 参考舟山市委宣传部的"舟山爱国主义教育基地巡礼"网。

烈士的英名按姓名、职务、籍贯用26幅乳白色大理石镶嵌在碑座的东西两侧。四周饰以粉红色大理石作为边框的纪念碑的主体部分高12.2米，用白水泥、白石屑精心加工制作而成，近顶部处是一闪闪发光的红五星，以下是滕海清手书的"革命烈士纪念碑"7个1米见方的大字。金辉熠射的白色的纪念碑主体部分和碑座浑然一体，在青松交映中傲然挺立，使整座建筑物增添了庄严肃穆的气氛。1989年又对纪念碑附属设施进行扩展，主要是在纪念碑的东北面和西南面两侧各建造了两个休闲英烈亭和广场，面积1 320平方米。

在青龙山革命烈士纪念广场东侧和南侧约50米处各有六角形的纪念亭一座，飞檐高翘，亭顶装有葫芦形的宝瓶，它与纪念碑紧密结合在一起，起到了一定的艺术效果。1996年夏，在青龙山的入口至山巅的甬道中段处扩建了一座高7.8米、宽8米的石牌坊，横匾上镌刻着"光照千秋"，两边石柱上镌刻着"青山丰碑映春晖，碧海丹心泽天宇"、"海浮桃花笑东风，山枕黄粱梦成真"的楹联，苍劲醒目，富有民族建筑的传统风格。紧依山坡修筑的甬道把山门、石牌坊、纪念亭和纪念碑连成一线，烘托出纪念碑园庄严、肃穆的氛围。青龙山革命烈士纪念碑于1994年6月被舟山市委宣传部命名为市级爱国主义教育基地，其管理单位是普陀区民政局。

青龙山革命烈士纪念碑自落成开始，每年清明节前后广大中小学生、机关干部、人民解放军及广大武警战士前去瞻仰。每年"七一"前后，许多新党员在这里举行入党宣誓仪式，中小学生在这里举行入团、入队仪式，这里已成为普陀区及舟山市最主要的爱国主义教育基地之一。①

青龙山革命烈士纪念碑

---

① 参考舟山市委宣传部的"舟山爱国主义教育基地巡礼"网。

第二节　桃花岛上的军事旅游资源

一、桃花革命烈士陵园

桃花革命烈士陵园坐落在普陀区桃花镇客浦村小山头，占地700平方米，四周围墙长260米，大门上方镌刻着"革命烈士陵园"6个大字，两边楹联为"英烈洒碧血桃花红遍，后人继遗志海山增辉"。宽30多米、长20余米的纪念广场紧连着纪念碑和烈士墓。正方四级石阶立碑，碑高3.40米，宽0.85米，碑中间刻"革命烈士公墓"，右边刻"解放桃花登步英勇牺牲的指战员永垂不朽"，左边刻"桃花区人民敬立"。碑后墓穴横排4行，104穴，每穴长2.48米，宽1.15米，高1.05米。长眠在这里的烈士，都是为桃花岛、登步岛的解放事业抛头颅、洒热血，为国尽忠，为民捐躯，英勇献身的革命功臣。烈士墓四周错落有致地布置着舟山新木姜子、普陀樟、黄杨及桃、李等绿化树木，墓前21棵高耸的龙柏，象征着当年21军将士英勇顽强、甘洒热血换青天的英雄壮举。

过去，这些曾经参加过解放桃花岛、登步岛和为建设桃花岛而英勇献身的烈士们的忠骨，分别埋在小山头、千步沙、磨盘等地，用乱石搭建，七零八落，不成规模，烈士忠魂四处飘荡。1985年，桃花区公所发动全区广大党团员、干部群众捐款，61师部分老首长、老战士获悉后也从四面八方寄来了捐款。在不到2个月的时间里集资10万元。1985年7月25日，桃花革命烈士陵园建设工程在桃花岛小山头破土动工，到9月24日一期工程完工；1987年2月7日，第二期工程又继续上马，并于当年完工。①

桃花革命烈士陵园

桃花革命烈士陵园建成后，开展爱国主义教育的当地干部群众、中小学生以及沈家门、定海等地干部和学生络绎不绝，平均每年都在4 000人次左右。从1995年至

---

① 参考舟山市档案局（史志办公室）的"舟山古今"网。

1999年5年内，有2万多人次接受了爱国主义教育。

1989年12月，桃花革命烈士陵园被普陀区人民政府列为区级重点文物保护单位，1996年4月被列为普陀区爱国主义教育基地。近些年来，随着桃花岛省级风景名胜区旅游开发建设步伐的不断加快，扫墓人员也逐步增加。2000年5月13日，为庆祝舟山群岛解放50周年，61师文工队的64名老同志旧地重游桃花岛，为长眠在桃花岛上的老战友敬献了花圈。

2009年4月4日，总投资400多万元的普陀区桃花革命烈士陵园修复改造项目全面启动，一期投资20多万元的烈士公墓修复工程现已进入尾声，方便了清明节期间人们扫墓。该镇还对烈士陵园大门进行改造，并在陵园内建造解放桃花岛革命事迹展览室等附属设施，进一步提升了爱国主义教育基地的档次。

二、解放桃花岛战役

1949年10月7日，人民解放军第21军61师在攻占了六横、虾峙等岛后，接到上级命令，立即准备，迅速攻占桃花岛。蒋介石在台湾得知上述消息后，于11日至14日第三次来舟山与陈诚、周至柔、桂永清、石觉等"海陆空军"将领会谈，企图"防卫定海，收复金塘、六横"；决定成立"东南行政长官公署舟山指挥所"，郭忏任主任，石觉任副主任。蒋经国在日记中记述了这段活动后承认："定海大门敞开，形势益危急矣！"①

"舟山防空司令部"将87军221师662团3营和交警第9总队约1 500人置于桃花岛，企图固守。人民解放军61师通过在虾峙岛上察看地形，调查桃花港海情和做了充分的战斗准备后，乘敌立足未稳，于10月18日晚发起战斗，19日4时歼87军和交警第9总队1 300余名，迅速攻占了桃花岛。23日又攻克了悬鹁鸪岛，歼国民党军1个连，俘获50余名，速取桃花岛战役取得全面胜利，缴获迫击炮、火箭筒及枪支、电台等军用物资800余件。11月初，人民解放军又发起对登步岛的攻击，在血战登步岛的战斗中，由于敌我双方兵力悬殊，战场形势发生了逆转，敌军变守为攻，人民解放军由攻变为守，最终为保存有生力量，人民解放军暂时撤回到了桃花岛上，既为后来人民解放军攻克登步岛丰富了海上作战经验，又极大地震慑了敌人。在解放桃花岛、登步岛战役中，无数革命先烈献出了自己的鲜血和宝贵的生命。

第三节　东极岛上的军事旅游资源

一、"里斯本丸"沉船事件始末

1942年10月2日，日军押解英军战俘的"里斯本丸"行至中国舟山东极（青浜

---

① 引自《舟山市志》，浙江人民出版社，1992年版，第732页。

第二章 普陀区军事旅游资源状况

岛)外海时,被美国潜艇鱼雷炸沉,数千英军战俘跳入海里逃生。东极渔民见此情景,自发摇着小舢板,冒着生命危险,一次次地驶向大海把战俘们从水中救上船,展开了一场东极大营救……

(一)"里斯本丸"遭袭

1941年12月,日本在偷袭珍珠港的同时,集中兵力从中国华南地区向香港发动进攻。12月25日,香港沦陷,大批守卫香港的英军被俘。

1942年9月25日,关押在九龙及香港岛的1 816名英军战俘被押上了日军的"里斯本丸"货轮,这艘安装了军事装备的货轮,没有悬挂相关的旗帜或标志。

9月27日拂晓,"里斯本丸"起航北上,驶往日本。9月30日晚,潜伏在上海南部海域的美国太平洋舰队潜艇部队第81分队的"鲈鱼"号潜艇发现"里斯本丸",便一路追踪。10月1日,当"里斯本丸"途经舟山东极附近海域时,"鲈鱼"号潜艇近距离连续发射了几枚鱼雷,其中一枚鱼雷击中"里斯本丸"的燃料舱,船上响起了巨大的爆炸声。当天下午,搭乘"里斯本丸"回国的700多名日军官兵安全转移到前来救援的日本海军一艘驱逐舰和另一艘运输舰上。此时,"里斯本丸"仅剩下战俘、日军卫队和船员。

为防止战俘骚乱,日军封闭所有舱口,并钉上木条,盖上防水布,用绳索捆住。战俘缩在船舱里既无照明,又隔断了新鲜空气,舱内环境令人窒息。失去动力的"里斯本丸"经过一天一夜的漂流,船体开始倾斜下沉。次日上午8时左右,"里斯本丸"船长决定弃船。

日军运输船随即派出救生艇,带走船员和大部分卫兵,仅留下六七个卫兵在甲板上监视战俘,企图让所有战俘与"里斯本丸"一起葬身大海。

(二)东极渔民舍命相救

强烈的求生欲望使英军战俘们为死里逃生寻找新的出口,终于他们找到了一条通往舱口盖上的木梯,打开舱盖,爬上甲板,船上的日军立即开枪射击,战俘们被迫撤回船舱。不幸的是,关押在3号舱的战俘集体遇难。1号、2号舱的战俘们不顾一切地冲上甲板,纷纷跳入海中逃生。周围大小船上的日军非但不救,还用机枪、步枪一阵射杀,并驾船向落水的战俘冲过去。甚至当战俘好不容易才爬上日船垂挂的绳索时,又被日军野蛮地踢下去。

东极岛的老人还清晰地记得1942年10月2日这一天。那天清晨,渔民们跟往日一样出海捕鱼,远远望见东极岛以北的海面上驶来一艘巨轮,当它距东极岛7海里处时,突然发出一声震天撼海的巨响,一股巨大的水柱随之冲天而起。霎时,巨轮的尾部猛地一沉,船头向上翘起,巨轮上的人和物品一股脑地滑向海中。过了一段时间,海面上漂过来散落的布匹等物品,一些渔民摇着小舢板想看个究竟,当靠近货物的时候,发现冰冷的海面漂着很多死尸,浮木上趴着好多奄奄一息的英国人,拼命地在海面挣扎着。

"人命关天,难道眼看着他们死掉?"舍命救海难,这是舟山渔民的传统美德,淳朴的渔民们第一感觉就是救人要紧。"快来救人啊,快来救人啊",附近小岛渔民见此情景,自发驾着小舢板出海救人,行动很快展开。大家有的用手拽、有的用竹竿拉、有的干脆直接就跳到海里去救人,船舱里装满了就送回码头,回来再救。他们顾不上风急浪大,能救一个就救一个。整个营救行动从早上9点直至黄昏,200多名渔民奋力救起了384名英国战俘。

当时,被救的大多数英军战俘仅穿着背心短裤,又在海水中挣扎了很久,体能消耗殆尽。被救起的英军战俘大部分被安排在"天后宫"庙宇里,少数伤重的人住在渔民家里。并不富裕的渔民们目睹英军战俘的惨状,自发拿出家里节省下来的大米、番薯、鱼干和鸡蛋等食物,翻出仅有的旧衣袄等御寒衣物送给英军战俘们。中国渔民的朴实、热情使英军战俘们深受感动。有的英军战俘拿出自己珍爱之物作为纪念品赠给淳朴善良的渔民,感谢他们的救命之恩。

第二天,天刚亮,5艘日本军舰包围了东极岛,日军端着刺刀挨家挨户地搜查,甚至将一些老人吊起来严刑拷打,警告当地渔民不得窝藏英军战俘,否则将放火焚烧全村。躲在暗处的英军战俘们知道,如果再这样躲下去,岛上的渔民肯定会被日军全部杀死,于是他们集体走出藏身地,渔民们就这样眼睁睁地看着英军战俘门被重新押上日军军舰。但是,日军万万没有想到,在他们刺刀的威胁下,竟然还有3名英国战俘在渔民的掩护下躲过了搜捕。这3人分别是伊文斯、詹姆斯顿和法伦斯。渔民们把他们藏在小岛北面悬崖下的小湾洞。

此后几天,日舰一直在这些岛旁巡逻。10月9日,青浜岛周围已经没有巡逻的敌舰,渔民唐品根等6人冒险用小帆船将伊文斯等3名英国战俘送到葫芦岛,交给了当时抗日的第4大队王继能部,后辗转送到重庆,由英国政府驻华使馆接回。事后得知,在"里斯本丸"事件中,只有这3名英军战俘逃脱日军之手,"里斯本丸"货轮上未及逃离及落水后被怒浪吞噬的英俘罹难者达2 000余人。"里斯本丸"上的英军战俘的悲惨命运震惊世界。

(三) 纪念馆镌刻着人性光辉

世事沧桑,斗转星移,"里斯本丸"沉船事件已经过去了70多年,当年参加营救的200多名渔民如今只有13位还健在。就连原先尚有桅杆露出海面的"里斯本丸",也随着潮起潮涌和海底地势的变化完全湮没了,但舟山东极渔民们勇救英军战俘的故事至今仍被中英两国人民传颂着。

战争年代里,渔民们自己的存活都是一个未知数,他们却选择了舍命勇救,宁可自己挨饿受冻也要给英俘充饥御寒;他们知道生命的可贵,但依然敢用生命保护英俘。他们是一群感动世界的中国人。幽幽的海水带不走中英两国人民的生死友情。为了纪念这个悲壮、充满人道主义关爱的故事,弘扬中国人民英勇义救的伟大精神,舟山市政府在东极岛兴建了"里斯本丸"纪念馆,作为爱国主义教育基地,成为舟山爱国主义红色旅游线路中的一个景点。当年营救过遇难英军用过的小舢板模型,藏身小湾洞的遇难英军用过的小油灯,英军战俘们留下来的那些刀叉,还有他们送给当地渔民的赠品都作为文物保留在东极历史文化博物馆内。

为了感谢中国舟山渔民大无畏的救助精神,英国政府已经拨出一笔专项资金作为奖品,赠送给当地渔民。1949年2月18日,英国人曾在香港举行一个感谢仪式。当时的港督葛量洪代表英国政府向舟山东极乡赠送"海安"号机动渔船1艘。2005年5月9日,中国民间人士在东极青浜海域举行了简短的追思活动,祭奠"里斯本丸"事件中遇难的英军士兵。并通过这种方式,呼吁世界反对战争,热爱和平。①

2005年在香港召开东极渔民勇救英军记者招待会(洪晓明摄)

二、东极"里斯本丸"纪念馆

东极"里斯本丸"纪念馆是东极历史文化博物馆的组成部分之一,该博物馆位于东极庙子湖中街山路。全馆除"里斯本丸"纪念馆外,还有民俗民风馆和渔民画馆三个系列展馆,共有展品近240件。经过近两年的考察论证,东极"里斯本丸"纪念馆项目已于2008年9月初正式在庙子湖启动,由北京艺术家工作室马海山先生担任总体设计。该项目同时还收集了近20件与"里斯本丸"沉船事件相关的纪念物品。②

该馆于2009年4月全部完成,分为五个部分来展示:第一部分是"二战"期间日军侵略香港;第二部分是日军押解战俘运往日本做苦役;第三部分是东极大营救;第四部分是英军老兵回访东极;第五部分是东极"里斯本丸"纪念馆选址历程。

---

① 本文改摘选自《环球军事》杂志2010年4月上半月版。
② 参考"东极旅游网"。

东极"里斯本丸"纪念馆展馆一角(转自东极旅游网)

第四节 桃花岛上的军事影视名城——"定海城"

一、桃花岛"定海城"的概貌

"定海城"位于普陀区桃花岛东北部的青龙社区鹁鸪门村的后门沙头,是历史巨片《鸦片战争》舟山外景地中建设工程最重、拍摄场面最大、场景拍摄最多的一个。"定海城"周围有千年梅树桩、穿鼻洞等景点。1997年9月,被舟山市委命名为市级爱国主义教育基地。

"定海城"搭建工作始于1996年9月13日,到10月18日完工历时1个多月,耗资20多万元。整座城的基础原是一条宽12米、高4米、长230米的海堤。城门开在海塘中间,城门高3.2米、宽2.8米;城楼高出海塘顶部2米,城楼长10.7米、宽6.2米、高8.8米;城楼两侧设旗斗各1个,炮位各3座,城垛是以海堤为基础加高80厘米后建成的。由于在《鸦片战争》拍摄过程中的剧情需要,城墙和城楼被"英军"炮火击得百孔千疮,旗杆折断,全城面目全非,破烂不堪;《鸦片战争》拍摄结束后,桃花镇政府投资40万元对"定海城"进行了全方位的修复和加固,并在城内布置了一间展览室,用于展出拍摄过程中一些重要镜头的照片及有关史料。"定海城"爱国主义教育基地面积12 560平方米,展厅面积32平方米。[①]

---

① 参考"舟山市爱国主义教育基地巡礼"网。

桃花岛"定海城"一隅

二、桃花岛"定海城"的拍摄故事

著名导演谢晋筹资近 1 亿元，拍摄历史巨片《鸦片战争》，并于 1997 年 6 月中旬陆续在北京、香港等地上映，为香港回归祖国献上了一份厚礼。影片共有 223 场戏，在舟山拍摄 1/5，其中又有 3/4 在桃花岛拍摄。影片的重头戏"定海城"，就是在这座"定海城"拍摄的，戏中反映的就是鸦片战争初期英军攻打定海，定海城官兵英勇抵抗，以身殉国的那一段历史。这段戏讲的是 1840 年 7 月 6 日英军攻占定海城时，在敌强我弱的情况下，定海城官兵顽强抵抗，在尸横遍野的阵地上只剩下知县姚怀祥，他慢慢地摘下顶戴花翎，然后朝北三叩九拜，英军一步步向他逼进，知县抽出佩剑横颈自尽，以身殉城。史载，整个鸦片战争中大清帝国文官武将无一人投降，而自然殉国者达数百名，定海知县姚怀祥则是其中一人。剧情充分表现了中国人民不屈不挠、不畏强暴的爱国主义精神，是整部影片的高潮，中央领导在听取谢晋汇报时说这段戏最令人感动。1996 年 11 月 3 日，谢晋导演为祝桃花岛旅游事业兴旺发达题词："莲花洋中桃花岛，美丽传说真不少，观音龙女莫沉睡，东海开放春来早。"

《鸦片战争》摄制组先后两次进驻桃花岛，第一次是 1996 年 10 月 31 日，第二次是同年 11 月 7 日至 14 日，共拍摄了 8 天时间的戏。其中有这样一个镜头令人感触颇深，久久不能忘怀。"一个英军随军翻译在登城察看清军火电厂炮时，发现是好多年前造的。指挥官说了这样一句话'中国人只知道古董是越旧越好，而不知枪炮是越新越好'。"从这个镜头可以看出，当时清王朝由于奉行闭关自守政策，以至落后挨打，遭受割地赔款之耻。

1997 年 8 月 18 日晚，"97·11"号强台风夹着狂风、暴雨和大潮，把"定海城"

东侧城墙冲开了一个缺口，抗台英雄胡飞军为紧急疏散被困群众，不幸被巨浪卷入大海光荣牺牲。1998年，桃花镇政府投资55万元，建造了这条50年一遇的高标准海塘。①

第五节 双屿港畔的军事旅游资源

一、双屿港遗址

500年前，六横岛的西部曾存在过一个非常繁荣的民间贸易港口——著名的双屿港。双屿港位于佛渡岛与六横岛之间，明朝时属宁波府定海县（今镇海）郭巨千户所管辖，今属舟山市普陀区六横镇管辖。双屿港（Syongicam）即双屿洋，今称双屿门，是水道名。双屿洋是进出宁波甬江的必经航道，是宁波的贸易大门。从20世纪30年代起，国内外学者就开始了双屿港研究，舟山市有关部门在20世纪90年代集中考察的基础上整理出不少文字资料，目前学术界比较一致的说法是双屿港位于六横岛，但强有力的实物佐证非常稀缺，且该港在六横的具体位置并未得到实际考证。

六横岛位于宁波市穿山半岛东南、象山港口外，岛域略近长方形，依次有6座山体横亘其间，六横之名即由此而来。②

二、双屿港位置考证

据介绍，目前有关双屿港地理位置的学说主要有四种。一是按照王建富、包江雁、邬永昌所著的《明双屿港地望说》，双屿港的贸易和居留地主要在六横岛西岸和佛渡岛东岸，即涨起港、棕榈湾、大脉坑、上长涂、下长涂、火烧地等七八个天然湾岙。二是按照毛德传所著的《双屿考略》，双屿港位置应在六横上、下庄之间，即今六横张家峧、岑山一带。三是按照钱茂伟的《明代宁波双屿港区规模的重新解读》，双屿港应有南北港跟贸易区之分，南港即双屿港，北港即大麦坑港，在今六横西北海岸的涨起港、棕榈湾、大脉坑、沙岙一带；台门港可能是葡萄牙贸易区。四是按照乐佳泉的《寻找六横岛上的双屿港迷影》，双屿港应在石柱头与邵家之间、积峙与大教场之间、蟑螂山与大沙浦之间，这些海域都可以形成双屿，也是很好的港区。其中前两种说法影响面较广。

2009年9月8日至10日，专家学者们按照历史文献记载及先前的研究成果，对佛渡岛、大脉坑、龙山、台门等地进行了考察。实地考察后，以北京大学林梅村教授为代表的考察组认为，现在的台门港区域最有可能是当年的双屿港贸易区。

---

① 引自"舟山市爱国主义教育基地巡礼"网。
② 引用于2006年12月23日的《宁波晚报》（第4297期），钱茂伟主讲的《双屿港：十六世纪的东亚民间贸易中心》。

第二章 普陀区军事旅游资源状况

林教授认为,目前六横最好的港口在台门这个国家一级渔港,古人在建立港口时一般也会注重选择良好的天然港湾;而且台门区域距当时明朝的卫所相对较远,一出去就是东海,逃跑也较方便。"如果在涨起港、佛渡等处,那不是在明军的眼皮底下从事走私贸易吗?"林教授还列举了其他几点理由:从六横上庄到台门的距离,与当年清剿双屿港的明军将领朱纨入港登山、望见东洋中有宽平古道40余里的记叙相合,台门港的航道地貌也如"东西两山对峙,南北俱有水口相通,亦有小山如门障蔽"的记述;此外,台门—礁潭—平峧一带,也如朱纨上奏疏中所述"中间阔约二十余里,藏风聚气、巢穴颇宽",具有停泊大量船只和贸易的地形可能。

考察中,考察组一行在台门发现了年代久远的天后宫,在尖峰山下具有当时溪水长流的水源条件,并发现了一些明代的景德镇青白瓷、福建平和窑的外销瓷等碎片。在台门、平峧走访中,当地一名20世纪80年代打捞过海底贝壳的渔民告诉考察人员,自己曾在台门葛藤水道打捞出一个10米来长的木锚及瓷碗等沉物。①

林梅村教授建议,六横可以多找找当年在台门捞海底贝壳烧石灰的人,或许他们还会有其他打捞发现;由于当时外国商船来中国贸易时会装一些马六甲石头作为压舱石,因此六横还可以此着手,寻找与众不同的石头;还可邀请香港城市大学专门从事中国陶瓷下西洋研究的学者,来六横鉴别一下陶瓷的窑口、年份。"当然最具明证的还是考古,六横可在大葛藤—小葛藤—台门之间,请洛阳技工试探,这是成本较省且能了解地下30米概况的好办法。因为双屿港之战后,朱纨曾把26艘葡萄牙大船及数以百计的小船沉入海底、堵塞港口。"林梅村说。

双塘社区岑山村书记岑章云提供说,2004年村里挖井时,在地表2~3米处发现大量船板和青花瓷片。当地村民在村委办公楼前荡田挖虾塘时,也有大批的船板和青花瓷片出土。根据他提供的线索,我们走访了对虾养殖户王宽国,他证实确有其事,但没有文物意识,船板火烧了,瓷片又扔回塘里。庆幸的是有保存较完整的1只青花瓷杯和1只青花瓷碟被带回家里。据初步分析,岑山村原名涨家峧,地处双屿港区,面对象山港口。旧时,制高点岑家山把六横本岛分为上、下两庄,海水直薄岑山庙后,岙门广阔,藏风纳气,是古代船舶较为理想的避风、锚泊、候潮、补给地。据说,该处原为双屿港区的一大港口,明末清初始涨,淤积成陆。该处调查发现,口碑资料翔实,实物佐证有力,文化内涵丰富,疑似古代港口遗址,底下淤积滩涂中可能埋藏有数条沉船。建议在条件允许的情况下,分期进行较大规模的考古发掘。②

---

① 引用自2009年9月13日《舟山日报》文军、沈宽宴:《国内专家实地探寻古港遗址 六横启动新一轮双屿港研究》。

② 引用自2009年6月5日舟山市文广新局编发:《舟山水下考古工作简报》2009年第1期,《六横涉水港口和临港型古文化遗址》。

三、曾经繁华的双屿港

工人的背后是曾经繁华的双屿港

双屿港悬居海洋之中，处于主航道线上，但又距海岸不远，便于粮草接济，正是从事走私贸易的好地方。较早来双屿港从事走私贸易的，是福建商人，主要是漳州、泉州人，他们所坐的海上商船，被宁波人称为"漳船"。漳船入宁波海域的时间，在1517—1518年。福建商人经常从漳州下海，先到南洋购进胡椒、苏木、名香等热带产品，然后运输到双屿港区。由于走私商品利润极为诱人，往往是百倍之利，吸引了不少宁波人和安徽人冒险乘船到海上进货，然后再运到江浙一带销售。

1523年，宁波发生了著名的"争贡事件"。争贡事件是指日本贡使内讧、殃及宁波的事件。明朝自朱元璋以来，实行朝贡贸易制度，规定日本每十年来华朝贡兼贸易一次，每次来的时候，必须有明朝预发的凭证（当时称"勘合"）。这一年，日本大内氏与细川氏争夺朝贡贸易权，各派出贡船，先后到达宁波。浙江市舶司太监赖恩暗中接受了细川氏副使宁波籍宋素卿的贿赂，厚待细川氏贡船而薄待大内氏贡船，结果引起两队贡使的内讧。城门失火，殃及池鱼，浙江市舶司的嘉宾堂被毁，东库被劫。日本贡使甚至追杀到绍兴，沿途烧杀抢掠。明军追击时，又损失了几员大将，震惊了浙江，史称"争贡事件"。

日本人为利益之争打架打到中国地盘上，此事为海禁派找到了借口，嘉靖皇帝下令关闭浙江市舶司。正常贸易管道的堵塞，迫使海商走上走私贸易之路。嘉靖三年（1524年），又适值宁波大灾，宁波人的购买力大受影响，直接导致了双屿港货物的滞销，使得市场上的批发商人坐立不安。不久，他们与因罢市舶司而贸易无门的日本贡船取得了联系。双方各取所需，一拍即合。双屿港的海商将库存商品低价卖给了日本商人。接着，1526年，福建监狱中犯人郑獠越狱后下海经商，鼓动葡萄牙商人来到双屿港，与宁波商人卢黄四等私下开展交易。这是葡萄牙商人到宁波经商的开始。起初是临时性的,每年夏季来双屿港,冬天回广东的私澳(即澳门)停泊。久而久之,葡萄牙商人就在双屿港定居下来。

由于有高额的走私利润,由于收了好处的地方官及驻军睁一眼闭一眼,到双屿港经商的人越来越多。参加沿海走私贸易的宁波人,主要是盐场的"灶丁"。灶丁生活在沿海地区,他们负责采办渔货,可以借采办之名,私下制造大船下海,帮双屿港走私分子搞物资运输,有的则直接参与交易。到了1532年左右,海上私人贸易公开化。宁波人万表《海寇议》称:"十数年来,富商大贾,牟利交通,番船满海间。"这些话形象地描写了双屿港当时的国际走私贸易发达状况,这自然是朝廷不愿意看到的。1541年之前,是海上私人贸易自由发展阶段,大多数海商都是独家经营的小商人,"承揽货物,装载而还,各自买卖"。在双屿港兴起过程中,中国出了一些著名的走私大商人,如福建人郑獠、金子老、李光头,安徽人许氏三兄弟(许松、许栋、许楠)、徐海、徐惟学、宁波人卢黄四等。后来赫赫有名的皖南人王直即汪直,也在1540年下海,加入许氏集团,成为管家。

此后,海上私人贸易集团化,出现了许氏兄弟、李光头两大海商集团,这是双屿港发展史上公认的转折点。海商集团的形成,有其内在因素。海上竞争激烈,弱肉强食,迫使海商走上小船主依大船主之路,规模小的50只船,规模大的多达100只船,"成群分党,分泊各港"。这些海商集团不但雇用本地的舵工、水手,还招募了一些日本的贫穷浪人,作为护卫家丁。某些富裕的日本商人则出资搭股,从事海上贸易。走私贸易的集团化、国际化,使海上形势更为复杂,出现亦商亦盗现象。经过20多年的经营,双屿港区逐渐成为一个走私贸易根据地,当时士大夫称为"根抵窟穴"。除南港与北港外,六横山东南部沿海平原地区"宽平古路四十余里",应当也是活动区域。因走私分子占据时间长,人货往来多,竟至"寸草不生"。在双屿港居住的外国人,除葡萄牙人外,至少还有日本等十多个国家的商人,多时达3 000人左右。双屿诸港前后有近万人参与走私活动,同时代中国著名史家王世贞称"舶客许栋、王直辈挟万众双屿诸港"。①

四、双屿港之战:结束双屿港走私贸易

双屿港走私贸易的结束时间在嘉靖二十五年(1548年)。从商业角度来看,当时中外贸易过程中的不规范性是直接诱因。当时的中外走私贸易方式是这样的:外商将货运到中国后,必须找一个中间商,负责销售。中国的中间贸易商,往往采用卖空形式,即先与外商谈妥价格与价值,先拿到货,待销售后再与外商结账。由于外国货物都是违禁物品,故而这种贸易方式很容易出现纠纷。碰到这种贸易纠纷,只能私了。极端的就是诉诸武力,发生流血事件。

直捣双屿港的直接导火线,正是谢氏与葡萄牙商人的贸易纠纷。谢氏是余姚望

---

① 引自2006年12月23日的《宁波晚报》(第4297期),钱茂伟主讲的《双屿港:十六世纪的东亚民间贸易中心》。

族，出过阁老谢迁等大官，是宁波典型的参与走私贸易的贵官之家。谢氏进了外国货物，不断压低价格，且拖欠货款，葡萄牙商人不断上门催讨。谢氏凭借自己的权势，采用恐吓手段，声称要将他们告到官府。嘉靖二十六年（1547年）六月的一个半夜里，愤怒的双屿港走私分子及葡萄牙商人等，袭击了谢氏，烧了谢氏房子，杀了一些人，抢了东西后扬长而去。余姚地方官仓皇汇报浙江上司，称倭寇来了。浙江地方官一听，急忙下令追捕倭寇，且鼓励百姓告密，结果搞得人心惶惶，沿海军事形势陡然紧张。

由于海上无疆界，海商钻空子，在浙江与福建之间的海域来回流窜，与官府玩起"捉迷藏"游戏。7月，苏州人朱纨出任新设立的浙江、福建海道巡抚，负责打击浙江、福建沿海走私活动。朱纨走马上任后，采取了一些严厉的措施，实行部分士大夫提出的"覆其巢穴之计"。他知道宁波守军为走私商人所收买，不肯出剿，故而调用了福建军队，来对付走私商人。嘉靖二十七年（1548年）3月26日，都指挥、福建都司卢镗率清兵1 000余人，浙江巡视海道副使沈翰指挥从丽水等地抽调的浙江乡兵1 000余人，由海门卫（今黄岩东北）下海，直指走私贸易港口——双屿港。4月2日，在九（韭）山洋与走私分子交锋，官军首战大捷，活捉走私头目许栋等近60人，还有一个日本商人稽天。5日，第二次交火，活捉了走私头目李光头。6日，官军包围了双屿港区。那天晚上，风雨交加，海雾迷漫。7日，天快亮的时候，双屿港区的走私分子决定突围，大小船只倾巢出动。官军追杀堵截，走私分子死了好几百人，许六、姚大总、顾良玉、祝良贵、刘奇十四等皆被活捉。官军进港搜查，将天妃宫10余间，寮屋20余间及遗弃的大小船27只，全部烧毁。这就是宁波历史上著名的双屿港之役。

双屿港之战后，因为双屿四面濒海，地势孤危，难以立营守卫，且福建兵不肯守卫，用浙江兵又不放心，5月25日，朱纨下令"聚桩采石"，填塞了双屿港进出的"港门"。从此，热闹20余年的双屿港区消失于世。①

第六节　六横岛上的军事旅游资源

一、东海游击总队六横突围

1948年8月18日，东海游击总队主力280人从螺门乘7艘大帆船登上六横岛。21日，国民党军浙江保安队及海上陆战队2 000多人，用8艘军舰包围了六横岛，并派飞机进行空中打击。东海游击总队在六横石柱头与10倍的敌军进行了浴血激战，仅有百余人突围。东海游击总队六横突围一战荡气回肠，可歌可泣。

---

① 引用于2006年12月23日的《宁波晚报》（第4297期），钱茂伟主讲的《双屿港：十六世纪的东亚民间贸易中心》。

二、六横"东总"英烈纪念园

为深切纪念和缅怀"东总"革命先烈抛头颅洒热血的遗志,继承和弘扬革命先烈的精神,2002年2月,六横镇党委政府动工兴建东海游击总队英烈纪念园,并于2003年12月正式对外免费开放。

东海游击总队英烈纪念园位于六横镇坦岙村的贺家山,由"东总"革命烈士纪念碑、"东总"史迹陈列室和"东总"英烈园广场三个部分组成。

位于山顶的"东总"英烈纪念碑广场占地面积约700平方米,广场正中巍然屹立着"东海游击总队革命烈士纪念碑",碑名由浙江省委原书记薛驹同志所书。碑身高18米,造型为一艘正在乘风破浪驶向远方的大船,象征着"东总"当年在党的领导下,踏平"东海千顷浪、扫除人间害人虫"的磅礴的革命气势。碑基背面大理石上镌刻着镀金的碑文。纪念碑广场视野开阔,凭栏眺望,六横风光尽收眼底,让前来参观者在凭吊革命先烈的同时,也可感受六横发展的新貌。

东海游击总队烈士纪念碑(沈宽宴摄)

"东总"史迹陈列室位于半山腰,占地面积约 400 平方米,其中建筑面积约为 200 平方米。陈列室由 10 个部分组成:一是大厅中央的"前言",用中英文简介"东总"在革命斗争中的历史功绩;二是"东总"革命史迹示意图,简介了"东总"在舟山群岛的革命斗争地点;三是"东总"组织沿革;四是"东总"18 位主要干部简历;五是"东总"革命斗争传历,包括"风暴初步"、"中流砥柱"、"威震东海"、"惊涛骇浪"、"风雨同舟"和"乘风破浪"等方面内容;六是"东总"革命烈士名录;七是"东总"牺牲战士(未评烈士)名录;八是纪念与回忆,有省、市及部队部分领导的题词,"东总"老战士回忆文章等;九是敌伪报刊资料选展,从侧面反映了"东总"指战员对敌斗争的情况;十是结束语。陈列室资料翔实、图文并茂,再现了当年"东总"在舟山群岛的革命斗争史实。山脚下就是"东总"英烈园广场(也称东总休闲广场),占地面积约 4 000 平方米,广场四周大树参天、草木成荫,设有休闲舞台、老年门球场、健身器材等,是市民进行悼念活动、文化娱乐、健身休闲的好去处。在广场正中上方有一块高 3 米宽 6 米的大理石碑,上面镌刻着"东海腾龙"四个苍劲有力的大字,字由浙江西泠印社秘书长吕国璋先生所书。四个寓意深刻的大字既象征着"东总"犹如东海蛟龙,翻江倒海卷巨澜,动摇了国民党反动派的统治;又隐喻着六横如巨龙腾飞,前景辉煌。

东总英烈纪念园以其特有的人文环境、比较翔实的史料和宁静优美的地理环境,吸引着岛内外众多的参观者,起到了很好的爱国主义教育作用。由于基地在培育爱国之情、激发报国之志中发挥了重要作用,在 2005 年、2006 年,先后被普陀区和舟山市委市政府命名为爱国主义教育基地。①

东总英烈园广场入口处

---

① 引自舟山市委宣传部的"舟山市爱国主义教育基地巡礼"网。

第二章 普陀区军事旅游资源状况

第七节 散落在普陀区各乡镇的军事旅游资源记录着那个年代

一、双屿烈士陵园纪念碑

(一) 解放六横岛

1949年初夏,伟大的中国人民解放军胜利渡江之后,遵循毛泽东主席"军队向前进,解放全中国","坚决将革命进行到底"的伟大号召,以秋风扫落叶之势,乘胜前进,日夜兼程,大踏步挺进浙东沿海,解放了浙江大陆。

是年6月1日,国民党87军在人民解放军强大火力的攻击下,节节败退,当撤退到六横岛时,企图依靠六横的天然屏障,阻挠人民解放军前进,作最后挣扎。他们一上岛,就逼迫民工筑碉堡,挖壕沟,使岛上渔民不能下海捕鱼,农民不能下地种田,人民怨声载道。更可恨的是国民党反动派对岛上人民施行残酷的法西斯统治,横征暴敛,大肆搜刮,滥伐树木,在海塘里筑碉堡,部分海塘被推倒,海水淹没了稻田,使庄稼颗粒无收;他们还在海滩上设置梅花竹笆和尖头木桩,弄得百姓无法生活,无处藏身。

在人民解放军的强大火力攻击下,六横岛上国民党军队于10月6日晚开始撤退,解放军21军61师183团奉命跟踪追击,围剿国民党的残余部队。183团指战员们,不顾海上汹涌的波涛,在夜色的掩护下,从大陆郭巨渡海进军六横岛。7日那天,解放军从双屿港畔黄岩潭至大脉坑一带沿海登陆时,突遭国民党军飞机的狂轰滥炸,岛上国民党的残余部队以为捡到了救命的"稻草",也拼命抵抗,企图阻挠人民解放军登陆。指战员们冒着枪林弹雨,在机枪的掩护下,边战边登陆,20余名指战员在激烈的战斗中当场牺牲,献出了他们年轻而宝贵的生命。经过近4个小时的激战,终于打退了国民党军队的围攻,成功地登上了六横岛,歼灭了岛上国民党残余部队,解放了六横。

(二) 建立双屿烈士陵园

为了缅怀1949年10月7日在解放六横岛英勇牺牲的中国人民解放军20余位(其中6位烈士存有遗骨)烈士和1954年国防施工中牺牲的海军岸炮连两烈士,原蛟头镇委、镇政府集资4万元,将张厚启、胡连、乐海龙、沈金生、邵开祥、王安民和冷克金、周炳山8位烈士遗骨、英灵集葬成建烈士陵园。1993年8月1日动工;1995年3月建成。双屿烈士陵园双屿港烈士陵园位于普陀区六横镇长涂徐家岙锚山上。占地面积5.4亩,建筑面积3 200平方米。

整个陵园主要建筑有100阶登园水泥墓道,一座7米多高主纪念亭,亭的前面刻着"双屿港烈士陵园"7个大字,亭的后面刻着"烈士精神铭千秋"7个大字,亭中心有两块高 2 米，宽 1.1 米的纪念碑，右边一块是解放六横岛时任 61 师师长胡炜同志题写的"血染六横润宝岛、神遨海天惊新客"14 个大字，碑后面是原蛟头镇人民政府敬立的碑文。左边一块是解放六横时 61 师政委王静敏同志题写的"洒热血解放六横岛，承遗志建设东大港"16 个大字，碑后面刻着陵园简介。陵园中心是纪念广场，广场上层是一座圆形的烈士墓，墓面有 8 位烈士墓碑，刻着烈士姓名、所在部队名称和烈士出身籍贯。还有六横籍的 16 位烈士事迹也于 1997 年 10 月在双屿港烈士陵园中树碑立传。其中有牺牲在抗日战争时的应秋，参加东海游击总队与敌人战斗中牺牲的郑如水、郑尔昌，在朝鲜战场上牺牲的王维成、陈友态、杨阿章、刘明法，解放登步岛战斗中牺牲的周振祥、乐香友、邵仁夏，国防施工牺牲的王金福、娄瑞意、周永召，在中越边境作战中牺牲的元均通、刘圣世，在 37705 部队"J301"船上牺牲的王海斌等烈士。

二、展茅革命烈士纪念碑

（一）展茅人民英勇斗争的事迹

展茅是革命老区。在抗日战争时期，展茅人民在东区党组织的领导下，建立了抗日民主政权及农会、泥木工会、轿子工会、篾竹工会等抗日群众组织，举办夜校宣传抗日救国思想，动员广大群众投入抗日救亡运动，进行征粮、收税，实行"二五"减租，运送公粮，支援四明山抗日根据地，动员群众参军参战，同时建立武装斗争组织，同日伪军进行顽强的战斗，多次粉碎日伪军的"清乡"、"扫荡"。翁芝英、翁敏、翁世宁、翁世俊四姐弟和吴杏娥的感人事迹为人民所传颂。这一时期，展茅共有 34 位爱国志士为国捐躯。

在解放战争时期，展茅是舟山群岛游击支队和东海游击总队的主要活动地区。广大人民群众纷纷捐粮、捐钱、参军参战，在人、财、物等方面支持这两支革命武装的军事斗争。100 余名展茅青壮年参加了"舟支"和"东总"这两支革命武装组织，其中有 20 名烈士为舟山乃至全中国的解放事业献出了宝贵的生命。

（二）展茅革命烈士纪念碑和革命史迹陈列室

展茅革命烈士纪念碑位于柴家村的长山顶上，与塔岭遥遥相望。

1992 年 6 月，展茅镇委、镇政府为了缅怀革命先烈，弘扬先烈革命精神，投资 15 万元修建了展茅革命烈士纪念碑。整座纪念碑矗立在常青松柏之中，占地面积 650 平方米。碑高 10.5 米，碑身形似两把宝剑，刺向蓝天；中间是一块将军红大理石，镶嵌着一颗闪闪发光的红五星。碑座呈梯形，分上下两层，均用大理石贴面，正面是"革命烈士纪念碑"7 个金色大字，由时任中共浙江省委副书记、省长柴松岳题写。背面镌刻着碑文，东西两侧镌刻着翁世俊等 24 位抗日英雄的姓名和生平事迹。

为了更加生动、直观地开展爱国主义教育，作为革命烈士纪念碑配套教育基地的展茅镇革命史迹陈列室于 1998 年在镇文化中心建成。陈列室面积 120 平方米，由抗日

展茅革命烈士纪念碑正面（童淑娟摄）

战争时期、解放战争时期、革命烈士事迹三大版块组成。陈列内容图文并茂，生动形象。共有图片64幅，说明文字近万字。整个史迹陈列室用翔实的材料再现了展茅人民在各个历史时期的精神风貌，特别是详细介绍了抗日战争时期，展茅人民在中国共产党的领导下，开展武装斗争，建立抗日游击根据地的史实。革命烈士版块除详细介绍舟山著名抗日小英雄翁世俊烈士的英勇事迹外，还重点介绍了翁世俊烈士的3位姐姐：翁芝英、翁敏、翁世宁参加抗日救国的动人故事；同时，还介绍了"抗日母亲"吴杏娥的生动事迹，她先后送三子二女参加抗日，在年仅15岁的小女儿张萍牺牲后，又毅然送幼子参加新四军，同时展出了吴杏娥儿子及其孙女的回忆录。

陈列室展出了烈士证书及部分烈士遗照，其中最早的烈士证书上有毛泽东主席1958年的亲笔题字，尤为珍贵。

展茅革命烈士纪念碑和革命史迹陈列室已成为重要的爱国主义教育基地。每年清明、"五四"、解放舟山纪念日、"八一"等重大节日，全镇乃至全区、全市的广大干部职工、团员青年、中小学生、幼儿园小朋友都到这里凭吊、缅怀先烈。每年应征青年入伍前都来这里进行缅怀仪式。原浙江省柴松岳省长和孙昌明将军也曾先后多次来

到这里祭奠先烈。1995 年 8 月被列为第二批舟山市级爱国主义教育基地。①

三、勾山革命纪念碑

（一）不朽的丰碑：忠勇之士周山

勾山，周山烈士的诞生地，舟山市著名的革命老区之一，这里曾孕育了周山、金明善、王小娘、周中昭等 23 名在抗日战争、解放战争时期为国捐躯的忠勇之士。

周山家境情况良好，父亲是个土郎中，专治小孩子麻疹，生有周山（周中奎）、周中昭和周中立 3 个儿子和 2 个女儿。父亲很注意儿女教育，相继送 3 个儿子上舟山中学。周山于 1937 年回老家与张碧云结婚，婚后就奔赴前线，参加了新四军。1938 年，他写来一封家书，动员家人参加革命。妻子张碧云、弟弟周中昭偕同陈安羽、冯贤弼等 6 人按照信中的地址来到了皖南，也参加了新四军。弟弟周中昭当时只有 15 岁，还是一个舟山中学学生。在哥哥的教育引导下他坚定地走上了革命的道路。弟弟周中昭参加革命后，长期从事我军机要情报工作，曾先后任机要员、机要股长、研究员、副队长、研究股长、研究科长、研究处长等职，是中国人民解放军侦察情报工作密码破译专家。1947 年 5 月，在著名的孟良崮战役前夕，他不畏艰难，潜心研究，连续苦战，创造了新的破译方法，破获了极其重要的情报。华野首长因此断然变更战役决心，重新调整部署，使我军一举全歼国民党精锐部队五大王牌主力之———张灵甫整编 74 师。为此，他得到华东野战军陈毅司令员、粟裕副司令员的手令嘉奖，荣立大功一次。1970 年，周中昭调任安徽省军区徽州军分区副司令员。后因心脏病猝发而不幸逝世，时年 55 岁。被追认为革命烈士。

1941 年起，周山先后任中共苏中三地委社会部长兼公安处长，三地委、二地委组织部长，苏中区党委委员、社会部部长，苏中行政公署公安局长等职。其间，率工作队在高邮县柳堡乡进行"三三制"乡政权试点，经验在苏中地区推行。

他的工作得到了战友、亲人高度的评价。他的战友、原江苏省长惠浴宇回忆说："周山同志工作上不甘落于人后，在艰难中奋勇直前，在危急时奋不顾身，组织观念强，为人民解放事业勇于献身是他主要的、突出的表现。他的工作精神尤其感人，身患严重的肺病，常常撕心裂肺地咳嗽，有时还咳出血来，但他始终支撑着病体积极地工作。"

他的妻子高敏深情地回忆："他办事情、做工作都成熟稳重，待人非常热情诚恳，开诚布公。对自己要求很严格，对家属要求也严格。他勇敢机智，往往在最困难最艰险的情况下，会挺身而出，主动要求工作。"

1946 年初，国民党反动派发动全面内战。苏中革命根据地大片土地被敌侵占。针对阵地丢失的严峻形势，苏中区党委坚持武装穿插，开展敌后斗争。苏中区党委根据

---

① 引自舟山市委宣传部的"舟山市爱国主义教育基地巡礼"网。

周山的要求，派他前往苏中二地委协助高邮县委开展恢复工作。到高邮前，苏中二地委代理书记惠浴宇考虑到他身体有病尚未恢复，希望他暂缓进入敌占区，但他坚决要到高邮深入一线参加敌后斗争。同年11月23日夜，周山带领部分干部和战士插入蒋军"清剿"圈内。当得知王营据点有几十名土顽下乡抢粮后，他们决定消灭这股上门的敌人。不料，这时敌黄伯韬25师一部路过周家垛附近，立即兵分几路包围袭击。一阵激战，他和通讯班长冲出重围后，因不熟悉地形，匆忙中走错了路，与追敌遭遇，前面又横着一条河。这时，他不顾体弱和不会水性，泅水过河，被滔滔河水吞噬了年轻的生命，年仅29岁。①

周山年轻时的照片（来自中国海洋文化在线）

（二）勾山革命烈士纪念碑、革命烈士史迹陈列室、休闲广场

勾山街道位于舟山本岛东南部，西接舟山行政新区临城，东南分别与东港街道和沈家门街道交界，北与展茅街道毗邻。街道陆域面积44.1平方千米，辖20个行政村、6个农村社区和1个城市社区，总人口约3.2万人。

2005年下半年勾山街道党工委、办事处专题研究，决定建造勾山革命烈士纪念碑，对勾山革命烈士史迹陈列室进行迁址重建，并把修建实施该工程作为政府实事项目之一。街道聘请浙江建筑设计学院为纪念碑进行了专门设计，并多次组织讨论纪念碑陈列室建设方案事宜，最终选定在观矸头村的小山上征用山地2.4亩进行建造。

2006年1月，勾山烈士纪念碑破土动工，经过半年的努力，克服了施工中的种种困难，于7月中旬正式完工。现已形成勾山革命烈士纪念碑、革命烈士史迹陈列室、休闲广场三大主体建筑群。设计集爱国主义和旅游、休闲为一体，占地面积1 000平方米，投资70万元，纪念碑高11.8米，陈列室建筑面积为100平方米。陈列室内共展出

---

① 参考方交良、贝一、郑小梅：《不朽的丰碑》。

23位在抗日战争和解放战争中牺牲的烈士的事迹及图片资料。为了全面、准确、生动地展现烈士们的光辉历史，勾山街道先后五次派出精兵强将前往江苏省高邮市等地搜集烈士的珍贵资料及图片。同时，集中精力，加大力度解决烈士名录多、时间跨度大、文字记录模糊等问题，真实记录革命烈士光辉英勇的历史。在纪念碑落成典礼上，街道办事处专程前往江苏省高邮市邀请到周山烈士的家属及周山乡的客人来参加落成典礼。勾山籍烈士周山的女儿高山在典礼上发表了讲话，激励青少年不忘历史，奋发向上。

勾山革命烈士纪念碑、革命烈士史迹陈列室、休闲广场已经成为人民加强爱国主义教育和旅游、休闲的好地方。经勾山街道向普陀区精神文明建设委员会申请，于2006年11月7日被确定为区级爱国主义教育基地，2007年11月被确定为舟山市级爱国主义教育基地。每年，基地成为中小学缅怀先烈、树立理想和"探索人生意义"的活动基地及第二课堂。基地充分利用重要节庆日、纪念日，集中开展未成年人思想道德主题教育宣传活动。基地与派出所、学校、驻地部队和企事业单位开展共建活动，建立教育联系制度还成为学校和企事业单位举行入党、入团和成人宣誓仪式的固定场所。勾山革命烈士纪念碑还成了广大群众健身娱乐的天地，每天凌晨和傍晚有许多群众来到革命烈士纪念碑休闲广场跳健身舞、打太极拳等各类有益身心的活动。①

勾山革命烈士纪念碑（许金权摄）

四、坦岙营房

坦岙营房位于六横镇坦岙村。1951年春，浙江省军区第2军分区定海独立营驻六横，接替314团防务，年底撤出。1957年中国人民解放军196团驻六横，1958年改称

---

① 引自舟山市委宣传部的"舟山市爱国主义教育基地巡礼"网。

中国人民解放军守备60团，1969年改称守备21团。中国人民解放军驻六横期间，先后在五星黄蜂嘴、积峙山、嵩山、蛟头坦岙、双塘大沙头、岑山，小湖小黄沙、礁潭大岙、田岙、悬山铜锣甩等地驻守设防。1984年大裁军时，六横部队撤出坦岙，留下此营房。

坦岙营房（沈宽宴摄）

五、麒麟山演练场

位于普陀区东港街道塘头社区的麒麟山（原后横山），因形似麒麟，被中国人民解放军南京军区司令员、国防部原副部长许世友命名为麒麟山。一度为驻普陀部队演练场地之一。麒麟山总面积有300多亩，自古是兵将必守之地。东港街道将麒麟山建设成为集军事训练、军史展览、战地野炊、彩弹射击、教育巡礼为一体的国防教育基地，2004年12月，"麒麟前哨"被市委、市政府命名为舟山市爱国主义教育基地，2005年1月被浙江省人民政府命名为省国防教育基地。

为了更好地开展国防教育，东港街道成立了国防教育领导小组，由党委书记任组长，配备了专职干部和管理人员，高标准完成接待任务。街道先后出台了《基地管理制度》《员工岗位守则》《彩弹射击运动管理规程》等一系列规章制度，并派员赴沪培训，借鉴外地经验，搞好接待宣传任务。完成塘头景区4平方千米地形测绘、道路拓宽、海塘绿化、电力安装等工作，投资600余万元，修建了2 000多平方米的绿色军营、"长征之路"等景点，以及400多平方米的图片展览室、标本陈列室，1万多平方米的彩弹射击场，使省级塘头麒麟山国防教育基地日臻完善，许多参观者慕名而来，高兴而去。

这个国防教育基地，有1 000多平方米的军事操练活动场地，展馆内有多功能电化教育室、国防教育图片展览室、舟山解放史、军事知识、兵器知识、兵器陈列室；基地有活动区60亩平地，能够同时开展团体拓展、野外露营、山地自行车、彩弹射击、篮球比赛、百舸争流、垂钓、青少年军训、野炊、定向运动、海洋科考11项户外运

麒麟山演练场一角

动；露营区有能同时满足 400 人以上（安扎 200 个双人帐篷）的安全露营场地，且周边有自来水、电力设施，有公共卫生设施。在保存了旧战壕、坑道、碉堡等军事遗址的基础上，还修建了彩弹射击场、军事训练场等设施。是一个集军事观摩、军事训练为一体的国防教育基地，也是一个集爱国主义教育、科普教育、素质教育为一体的综合性教育基地。

第八节　普陀古代军事遗迹

一、浙东第一功摩崖题记

据史料载，清同治元年（1862 年）二月，太平军何文庆派赵大增为统领，发战船 42 艘，进攻六横，在棕榈湾受阻，改由平蛟登陆，又遭张为贤所率民团阻击，边战边退，大部分殉难于平岩头。该摩崖题记为民团武装歌功颂德，是从反面记述太平军在舟山活动的唯一重要史迹。

"浙东第一功"摩崖题记，位于六横岛台门镇与双塘乡交界处的东嘴头岩石上，阴刻"浙东第一功"5 个楷体大字，每字高 0.45 米，宽 0.4 米，落款"泉塘孙诒经题"。

"浙东第一功"摩崖题记处

二、张煌言蒙难处

(一) 张煌言其人

张煌言(1620—1664年)字玄著,号苍水,浙江鄞县人,明末著名的民族英雄,毕生致力于反抗民族压迫的斗争,也是一位有高度思想艺术成就的爱国诗人。张煌言出生于官宦世家,自幼受到良好的家庭教育。明末朝政的腐败及外族入侵的祸患,铸就了张煌言忧国忧民的坚强性格,他文武兼擅,崇祯十五年(1645年)考中举人。清军占领中原后,张煌言毅然变卖家产,参加浙东抗清义军,后又随鲁王入海退守舟山,历任兵部侍郎、兵部尚书等职。他率军出没风涛,转战千里海疆,在海上坚持抗清19年,曾四入长江,三下闽海。光复四府三州二十四县,威震东南。其精神惊天地泣鬼神,昭日月。后因郑成功、鲁卫相继病逝,张煌言独木难支。为避免无谓的牺牲、保存抗清力量,张煌言于1664年6月遣散军队,隐居于舟山云掩悬岛,以图东山再起。不料被清朝廷探悉,于1664年7月在悬山岛隐居处被捕,旋即被押解至宁波、杭州。清朝廷软硬兼施,威逼利诱,张煌言坚贞不屈,绝食相抗,于10月25日在杭州慷慨就义,葬于杭州南屏山麓。

(二) 张煌言蒙难地之谜

张煌言蒙难处,位于普陀区六横岛台门镇悬山岛大鱼厂大平岗山北面山腰水井附近。

悬山岛又称元山岛,西距六横岛约700米,呈西北—东南走向,长约7.95千米,最宽处约2.6千米,海岸线长约37.69千米,陆地面积7.582平方千米,是个长形小岛。据传,悬山岛系张苍水最后的栖身之地。张苍水诗云:"此中有佳趣,好作采薇吟。"又称,海盗蔡牵曾踞此为巢穴。该岛海岸曲折,绝壁高耸,怪礁林立,岩洞遍布,海滩众多,绿树成荫。

1997年8月23日至24日,宁波市文化研究会、舟山市历史学会和普陀区台门镇人民政府在台门召开学术研讨会,并对悬山岛大鱼厂村大平岗山进行了实地考察,在此基础上认定,悬山岛大平岗山北面山腰就是张煌言蒙难处。张煌言是浙东人民的骄傲,他的英雄事迹、民族气节和爱国主义精神将会激励一代又一代的后来人。因此,将台门悬山岛张煌言结茅隐居和蒙难处辟为爱国主义教育基地,与杭州的"张苍水墓"、宁波"张苍水帮居"遥相呼应,成为后人凭吊之地,具有重要的历史价值和现实意义。

为了破译 300 多年前张煌言蒙难地之谜,1997 年 8 月,宁波、舟山两地学者专程到舟山六横的悬山岛进行考察。"悬岙"旧说在象山之南田。宁波学者桂心仪、周冠明于 1989 年著文辨疑。文章根据《康熙实录》及多种典籍、鱼图,论证张煌言被俘地点不在象山南田,而在舟山六横的悬山岛。1998 年 5 月,遗迹碑建成。碑石选用上好石料,刻工也很精细。碑的一面镌刻张煌言《入定关》诗墨迹,内容如下:

煌言悬山蒙难处碑记　方牧撰文　倪竹青书丹

明清易代,家国破亡。张公举旗浙东,横戈闽海,四入长江,两复舟山。指顾金瓯,悲风吹未怒发;击楫中流,激浪濯不改衣冠。寸心木石,徒有精禽之恨;只手孤忠,难回苍黄之天。康熙甲辰,南明倾覆。遂乃遣散义军,隐遁海角。藏舟悬山之岛,结茅大平之岗。效勾践之生聚,撒网烟渚;非桃源之迷津,看剑天涯。晨鸡起舞,宿火夜读。韬晦因由时势,成败岂问龟筮。无何叛徒追踪,清兵潜至。横海采薇,片帆归自十洲;葛巾布衣,故里辞于八月。就义西湖,建祠南屏,邻于墓之双悬,佐岳庙之半壁。求仁得仁,复何憾焉!

张煌言悬山蒙难碑(网友一棵树拍摄)

呜呼，哲人已逝，胜地无恙。因思公一介书生，三尺弓箭，纵横义帜，匡扶故明，历万载之艰危，标千秋之忠节。瞻仰遗址，凄怆满眼。黄土白茅，百战精诚如故；峭崖危岩，两襟风骨依然。长歌当哭，见贤思齐。盖岛名悬山，高扬天地正气；岗曰大平，瑞致人间祥和。彼滔滔者苍水，洋洋者煌言，宜乎因斯人而有斯地，履斯地而怀斯人也。

三、"廉泉"抗倭古井

（一）"廉泉"的由来

明代，日本封建诸侯为了掠夺财富，组织一些封建主、没落武士、浪人走私商人，经常在我国沿海进行武装掠夺和骚扰。至嘉靖时，随着东南沿海一带商品经济的发展，官僚富豪下海经商者日多，他们中的一些人，如王直、徐海等与倭寇勾结，组成海上武装走私、劫掠集团，对沿海居民进行骚扰破坏。倭寇的滔天罪行，激起了中国人民的无比愤怒，纷纷起来参与抗击倭寇的斗争。①

据考证，"廉泉"两字由定海（今镇海）都司梁文镌于明万历三十五年（1606年），当时梁文奉命守此，防御倭寇入侵，因天旱无雨，守兵竭难坚持，四处寻觅，在此石缝处见有微水渗漏，就掘土开挖，积水渐多，便砌石成井。泉水虽少，终能解将士之竭，梁文兴奋之余，就在井旁山崖镌刻"廉泉"两字，以谓井名。此乃境内早期重要的抗倭史迹，摩崖石刻又具有较高的艺术价值。

"廉泉"抗倭古井

---

① 引自《舟山市志》，浙江人民出版社，1992年版，第723页。

（二）"廉泉"抗倭古井

"廉泉"抗倭古井位于朱家尖街道白山村蜈蚣峙山西麓，此井西侧崖间镌"廉泉"两字，字高0.4米，字体完好，但无落款。其西南数米处有一口水井，一米见方，水寒甘洌。

四、泉水岙烽火墩

明朝初年至清朝初年长达276年的历史长河中，东南沿海一带有一段漫长的抗倭历史，沈家门便是抗倭前哨。一有战事，点火报警，使芦花岙驻军能较好地配合沈家门驻军的军事行动，有力地抵御了倭寇入侵。

抗日时期该烽火墩被日本用作炮兵阵地，解放战争时期被国民党军队占用，群众称此为"炮台岗"。新中国成立后该烽火墩被浙江省军区司令部、省公安厅、省测绘局作为重要的军事要地，立牌"严禁碰动"。

泉水岙烽火墩位于普陀区勾山街道山头黄村外山头山顶，据史料记载建于明嘉靖年间。烽火墩共有三座，第一座与第三座保存尚完整，第二座损坏较严重。根据对烽火墩残留遗迹测量，第一座高1.1米，面积2.9平方米；第二座高0.70米，面积7.4平方米；第三座高1.2米，底宽2.9米，顶部呈圆形，直径为1米。

第九节　普陀区现有军事旅游资源开发现状

普陀区军事旅游资源十分丰富，舟山市普陀区政府、普陀区文广新局等相关职能部门及各所在乡镇比较重视，做了大量工作，进行了较好的资料收集和保护。普陀区军事资源的保护开发虽然取得了一定的成绩，但保护与开发落后的现状并没有根本改变，还存在许多亟待解决的问题。

一、军事旅游发展背景

普陀地处长江三角洲经济区、全国沿海要冲、舟山渔场中心。地处长江、钱塘江、甬江入海聚汇处，临近上海、杭州、宁波、温州等对外开放的大中城市。西北距上海165千米，西距宁波73千米、杭州210千米，西南距温州265千米，与台湾基隆港相距550千米，距日本长崎港852千米，离韩国仁川港897千米，区位优势十分明显。自然资源丰富，渔业发达，港口优良，风光秀丽，气候宜人，素有"东海明珠"之称。全区辖5镇3乡5街道（普陀山镇、六横镇、桃花镇、虾峙镇、东极镇、登步乡、蚂蚁岛乡、白沙乡、沈家门街道、勾山街道、东港街道、朱家尖街道、展茅街道），区治沈家门街道。境内举世闻名的沈家门渔港是我国最大渔货集散地，与挪威卑耳根港、秘鲁卡亚俄港合称世界三大群众性渔港。区内拥有国家级风景名胜区普陀山（朱家尖）

第二章
普陀区军事旅游资源状况

和国家 4A 级风景名胜区桃花岛等著名旅游景区。

二、普陀区现有军事旅游资源利用状况

（1）地处东海海岛之中，未进行过规模开发，居民涉入较少，地上地下要塞工事整体保存多为战争结束后状态，所处自然环境较好。

（2）遗迹除少部分进行过清理、发掘，大部分仍保持原有状态。

（3）遗址区内除近期为展示、利用方便而架设的必要电力线路，修建了纪念碑以及停车场、登山小路、安全防护设施，部分修了广场外，其他利用占用不多。

（4）遗迹中有些战壕、交通壕等有被雨水冲刷而逐渐变浅、变窄甚或消失的危险。

（5）部分建筑遗迹由于自然风化导致强度降低，水泥修筑的碉堡、炮台等工事存在粉化危险。

（6）纪念馆类自建成之后没有很好推广营销，利用率不高，缺少配套讲解等服务。

三、普陀区现有军事旅游资源开放状况

（1）普陀登步岛战役遗址公园。开放时间时为每天 9：00—17：00（节假日无休），免费参观，可从沈家门坐船开往，地址为舟山市普陀区登步乡，电话：0580—6669456，网址：http：//www.dengbuwar.com/。

（2）桃花革命烈士陵园。现免费对外开放。可从沈家门墩头码头、半升洞码头坐轮船开往桃花岛茅草屋码头，从沈家门墩头码头出发有 405 客位的桃花岛轮、300 客位的金庸轮，98 客位的神侣 1 号高速快艇，45 客位的创业 1 号高速快艇，从早上六七点到下午四五点一直有航班。从沈家门半升洞到桃花茅草屋有 200 客位的 4 车位桃花渡 1 号，可从普陀山出发经半升洞至桃花岛茅草屋码头的海星快艇 40 座，还可从宁波郭巨乘车客渡至桃花沙岙。

（3）东极旅游纪念馆。东极历史文化博物馆门票 30 元/张，旅游纪念馆是历史文化博物馆的一部分，纪念馆在东极岛上，每天从沈家门有轮船来往。

（4）普陀东港塘头麒麟前哨。开放时间为上午 8 时至下午 17 时 30 分，双休日节假日照常开放。地址在舟山市普陀区东港街道塘头社区沙里麒麟山。参加具体活动收费，不收门票。

（5）普陀区六横东总英烈纪念园、双屿烈士陵园、浙东第一功摩崖题记、张煌言蒙难处、坦岙营房，这几处均在六横岛上，史迹陈列室开放时间为星期一至星期五上午及重大节庆日对外开放。从定海客运码头乘高速客轮到六横大岙码头，或从沈家门墩头客运站乘六横 2 号、5 号或高速客轮到六横大岙码头，或从宁波郭巨码头乘车渡到六横沙岙码头，再乘岛内公交车到峧头。

（6）桃花岛"定海城"。"定海城"附近有穿鼻洞、千年梅树桩等景点，1997 年起

对外开放,现不收门票;从桃花岛茅草屋码头乘车至鹁鸪门即可。地址在普陀区桃花镇鹁鸪门村。

(7) 展茅革命烈士纪念碑。对外免费开放,自驾车或出租车从定海或沈家门经沈白线至展茅街道电信大楼对面长山顶上,城乡公交车可至电信大楼站下车。地址在舟山市普陀区展茅街道柴家长山顶。

(8) 勾山革命纪念碑。对外免费开放,平时开放时间在每天上午9点,乘大展螺门或北蝉方向的农村班车均有经过,且班次很多。地址在勾山街道浦东社区观矸头。

(9) 青龙山革命烈士纪念碑。对外免费开放,在沈家门城区青龙山顶。

(10) "廉泉"抗倭古井。在朱家尖岛上,现基本维持原始状态。

四、普陀区军事旅游发展存在的不足

(一) 资源开发早,但知名度不高、开发程度不大

缺乏专门的保护、开发规划和行之有效的保护措施。已有的规划无论是在规划的指导思想和科学性方面,还是在规划的可操作性方面都存在不足。一方面缺乏专门的保护历史文化资源的法规和措施;另一方面对已有的城市规划和文物保护法规执法不严,对违反法制的行为查处不力,"有法不依"令行不止的情况时有发生。

(二) 规模小、投入不足、基础设施滞后

旅游设施仍不健全,接待量仍满足不了需求。环境管理差,各个点存在无人管理的现象,杂乱不堪。保护与开发的数量不多、范围过窄、类型单一。保护与开发的重点局限于革命遗址遗迹。

(三) 军事旅游资源保护意识不够

目前直接实施军事遗迹管理的人员缺乏必备的专业素质,有文物遗迹、遗物遭到人为破坏的现象发生。张煌言蒙难处于1999年8月被公布为普陀区区级文物保护单位,"浙东第一功"摩崖题记于1989年12月被公布为普陀区区级文物保护单位。但保护之前已留下不多,保护之后也没有更多的修复和管理。

(四) 外宣力度不大、宣传推介不足

进入六横开发建设管理委员会的网站,在主要景点介绍一栏,只有几个如海上人家、龙头跳等自然风光和休闲游的简单介绍,只字未提有关人文景点如以上提及的"张苍水避难处"、"浙东第一功"摩崖题记等的介绍,后在"地方文化"栏目下面的"文物保护单位"才找到了一点简单介绍,但没有参观路线和图片。

五、普陀区军事旅游资源的优势

（一）政府对旅游比较重视，对军事遗址保护也比较重视

普陀区政府在旅游方面已投入大量人力、物力、财力，并已取得一定的成效。2008年6月颁布了《舟山市普陀区人民政府关于开展创建省旅游经济强区工作的通知》目标就是要在旅游基础设施、旅游产品开发、旅游管理服务三方面扎实推进。2008年年底通过省政府验收，跻身首批浙江省旅游强区行列。大多遗址地理构造、遗存现状、历史价值较具利用潜力，可实现保护、利用相协调。文物保护工作有明显的社会效益和经济效益。

（二）几个主打主题在国内外有较大影响力和知名度，具有很强的开发基础

如东极"里斯本丸"沉船事件享誉国内外。1995年在纪念抗战胜利50周年的日子里，有人撰写了数篇讴歌东极人民救助英俘之义举的文章。2005年，国际社会隆重纪念世界反法西斯战争胜利60周年，4月2日晚，一位研究"二战"时期重要历史事件——"里斯本丸"沉船事件的英国学者托尼，来到浙江舟山，实地了解当年沉船事件中的历史信息，随后赶赴杭州，到浙江省档案馆查阅相关档案。4月1日，浙江省档案馆将这组形成于57年前的珍贵历史档案公开披露。这是浙江省档案馆首次公开相关档案。虽然，救助"里斯本丸"英国战俘的历史档案，一直都没有公开披露过，但是，在改革开放的年代里，舟山民间一直有人在关注此事。舟山的离休老干部毛德传较早就开始调查此事，后来，文化系统的张坚、管一星，原舟渔公司的王永建等都曾到青浜岛、庙子湖岛、西福山岛（今都属于东极岛范围）做过实地调查，积累了许多珍贵的口述史料。2006年6月21日，舟山人奔走了6年筹备的影片《东极拯救》终于开机了，把这一感人故事搬上了银幕，再现了60多年前东极渔民勇救"里斯本丸"英军战俘这一感人的历史事件，着重反映了东极人民"大爱无疆"的精神。该片由著名导演张鑫执导，曾参与过张艺谋执导的影片《我的父亲母亲》的郑昊和美国演员凯瑞担纲男女主角。这些文章、影片对于重温历史，启迪思想，教育后人，无疑起了先导作用。因而，要以"里斯本丸"为载体，探究沉船事件的来龙去脉，发掘其历史文化内涵，借此来服务于舟山经济和文化建设，特别是旅游业开发。

（三）普陀旅游资源非常丰富，可以对军事资源的开发起带动作用

旅游作为舟山的支柱产业之一，来舟山旅游人数初具规模且有逐年增长的趋势。这里，有中国四大佛教名山之一的"海天佛国"普陀山，世界三大渔港之一的"十里渔港"沈家门，"沙雕故乡"朱家尖，"碧海金沙"桃花岛，玛瑙般地撒落其间，四面八方的游客慕其美名纷至沓来，流连忘返。近年来，普陀区委、区政府围绕着把普陀

建设成为美丽富饶的"海上花园"这一目标,在进一步完善城市基础设施的同时,开发"沙雕节""沈家门夜排档""海上人家""渔家乐"等特色旅游项目,吸引了越来越多的海内外游客。"十一五"期间,普陀区旅游业得到了持续、快速、健康的发展,普陀区旅游总收入以每年18.3%的增幅快速增长。据统计,2010年普陀区共接待游客1 380万人次,创旅游收入90.0亿元。旅游总收入占到全区GDP的25%,旅游业在现代服务业中的龙头地位已基本确立。普陀旅游已成为长三角地区佛教和滨海旅游的主要目的地。

(四)舟山已成为"浙江舟山群岛新区",可为军事资源的开发起提供良好的支持

2011年6月30日,国务院正式批准设立浙江舟山群岛新区,舟山成为我国继上海浦东、天津滨海和重庆两江后又一个国家级新区,也是首个以海洋经济为主题的国家级新区,经济社会将会有跨越式发展。单就旅游经济来说,2010年,旅游业在大桥通车效应和世博会举办等因素有力促进下,旅游形势喜人,全年国内外旅游接待人数2 139万人次,增长22.0%,比上年提高6.4个百分点,实现国内外旅游总收入142.04亿元,增长21.9%,比上年提高5.8个百分点。而且旅游经济随着舟山市旅游基础设施的不断完善、旅游产品的不断丰富、"印象普陀"的不断传播、居民收入的持续增加以及居民消费观念的进一步转变,将促进舟山市旅游业迈上新的台阶,旅游经济延续2010年的持续火爆局面。特别是国家旅游局批准《舟山群岛海洋旅游综合改革实验区方案》后,今后舟山市将成为邮轮旅游、游艇旅游、禅修旅游、运动旅游、养生旅游、海钓旅游基地,这将明显提高舟山市海洋旅游的国际化程度,带动舟山市海洋旅游实现跨越式发展。

(五)普陀地理位置非常独特,海洋文化底蕴深厚

作为舟山市的一个辖区,普陀同样有着特殊的地位。普陀具有得天独厚的区位优势,濒临上海、杭州、宁波等经济发达的城市,背倚长三角、面向太平洋,与我国台湾的基隆港、日本长崎港、韩国仁川港毗邻,最远的距离不到900千米。舟山跨海大桥建成后,普陀与上海、杭州等大城市的联系将更为便捷。

据专家考证,普陀有人类居住的历史可追溯到新石器时代。在我国的航海史上,普陀海域航道也是早已有之。从秦朝徐福"率3 000童男女,乘楼船",到晋代葛洪泛海翁洲,唐代鉴真东渡,明朝郑和下西洋都曾经过普陀的海域。这些远洋航线的选择,表明普陀海域航道历史非常悠久。到了现代,凭借海域辽阔,海洋资源丰富,自然环境优越等优势,普陀成为我国南北海运线上的中心,同时也是著名的国际锚地。目前,普陀有深水岸线53千米,主航道水深多在15米以上,而虾峙门国际航道水深更是达到22~123米,可通航30万吨级的巨轮。

沈家门渔港与挪威卑耳根港、秘鲁卡亚俄港并称世界三大群众性渔港,也是我国最大的渔获海鲜集散地。每当夏秋季节,凡有台风来临,包括我国台湾在内的沿

海各省市及韩国、日本、菲律宾的渔船都纷纷来此避台风、补给养,其场面蔚为壮观。

普陀海鲜水产资源极为丰富,共有海洋生物1 100余种,以盛产黄鱼、带鱼、墨鱼、鲳鱼等名贵经济鱼类闻名,各类海水产品年产量占全国的十分之一。

第三章
岱山县军事旅游资源状况

岱山是舟山第二大岛，位于舟山群岛中部，北与嵊泗列岛接界，东临公海，南与舟山本岛相望，全县共有大小岛屿406个，总面积5 242平方千米，其中陆地面积326.5平方千米、海域面积4 916平方千米。云雾缥缈、神秘莫测的悬水岛岱山，又称蓬莱仙岛，是源于舟山与秦始皇的渊源。渴望永生的秦始皇，派道士徐福到浙江东海一带寻觅长生不老之药。徐福的楼船停泊到今岱山的东沙角山嘴头、高亭港、岱东后沙洋，并留下了"海天一览亭""古祭台"等遗迹。岱山地理景观美不胜收，"仙阁凌空"、"狮洞烟云"、"渔梁歌钓"、"日出扶桑"、"晚潮新月"、"神山现市"、"万里澄波"、"万斛珠玑"、"铜井金波"、"漏天滴润"等"蓬莱十景"颇负盛名。岱山还是名副其实的博物馆之岛、海洋文化之乡，相继建成了中国台风博物馆、中国海洋渔业博物馆、中国盐业博物馆、中国灯塔博物馆、中国海礁博物馆及中国书雕城。

随着红色旅游的兴起，军事旅游资源开发成为延伸旅游价值链的重要一环。在舟山的军事旅游资源中，岱山无疑是浓墨重彩的一笔。舟山海防要塞的地理标签，使岱山在历史上几度成为兵家必争之地，它更是国民党军撤离大陆前的最后防守据点。挖掘开发岱山的"红色"军事旅游资源，势在必行。

第一节 岱山现有的军事旅游资源

军事旅游景观，多以军事设施遗址、军事博物馆、军事主题公园、纪念塔或纪念碑、陈列室、纪念馆、名人故居为主，通过图片、实物、建筑物、雕塑、碑刻等符号载体，解说军事历史，游客在解码过程中，完成对此处景观所承载的"文化地理"的符号消费。军事旅游项目，有观光式旅游，也有提供参与性和亲历性活动的体验式旅游，后者更是方兴未艾。笔者在查阅大量文献资料及走访岱山重大军事事件的亲历者基础上，经实地考察，发现岱山军事旅游景观主要有10余处，大致可分为6类。

第三章 岱山县军事旅游资源状况

一、军事设施遗址类

(一) 岱山军用机场：成片盐田上的华东第一机场

岱山机场位于岱山县的岱中乡、岱西乡和泥峙镇交界处，距离岱山客运码头约 8 000 米。其主要景点有：长 2 000 米，宽 40 米的机场跑道原址，始建于 1949 年的汽油库及大岐营房，竹行根火力发电厂原址、大坳山供水水库及龙眼通北浦新道头泄洪渠；1953 年到 1956 年间修建的防空洞、炮阵地、飞行员宿舍和指挥塔等。建造岱山机场的地方本是大片平坦的盐田，也是整个岱山县最好的成片盐田。走在岱山机场宽阔的跑道上，举目四望，海风浩浩荡荡，即使原本的防空洞、炮阵地等设施沉默不语，远方的民居零星散落，却依然能感受到国共最后之战的肃杀。在舟山群岛上选择适宜建筑大型机场的场地并非容易。当初蒋介石选择岱山岛桥头，是因为那里有大片平坦的盐田与农田，一马平川。岱山飞机场自桥头老鼠山至南浦癞头山，东西双峰列峙，而中间是广阔原野，两端连接海天，视界开阔清晰，风向亦宜，飞机南北两面进出起降都很是方便。

岱山机场

岱西镇是岱山县西部的一个战略重镇，三面环海，海岸总长约 20 千米，距正在开发建设的上海国际航运中心仅 11 海里，是以浦东为龙头的长三角开发前哨。岱山机场是研究国民党军撤退舟山时重要战事的活标本。作为景观媒介，它向游客提供了"华东第一机场"前世今生的历史符号消费。岱山机场于 1949 年 7 月由国民党军耗资 200 万银元始建，机场主体工程 1949 年 11 月 15 日竣工，全部工程于 1950 年 3 月竣工，只用了 8 个月时间。建成的机场跑道长 2 000 米，宽 40 米，驻有国民党空军 2 个轰炸机大队，飞机28架①。该机场是国民党军轰炸上海、杭州等地的主要空军基地。机场建成后除了对上海进行"六·二大轰炸"外，还配合陆军进行过登步战役，对宁波、衢州机场、杭州闸口电场、南京长江轮渡、戚墅堰机床厂等进行轰炸。据国共舟山战役的亲历者、舟山市离职休养干部毛德传介绍，"新建成岱山机场北自平津，南迄广东及武汉、西安，均在其作战半径内。"1950年5月岱山解放前夕，仓皇撤离舟山的国民党军炸毁了机场。岱山机场后由海军航空兵部队管理使用，于1953年到1956年期间进行了修复与扩建，并在机场周围修建了防空洞、炮阵地、飞行员宿舍和指挥塔。机场建成后扩建了好几倍，全称"人民解放军海军航空兵岱山机场"，当时号称"华东第一机场"，时任国防部长的彭德怀、总政治部主任黄克诚多次前来参观。1983年11月，因为海军航空兵全天候飞行员王学成驾机到台湾投诚事件，岱山机场放弃使用。20世纪80年代，曾作为军事旅游景点开放，之后又一度荒废。

（二）废弃的碉堡群与坑道：抗日战争、国共战争的群体记忆

废弃的碉堡群原是驻岱山的解放军修建的防御工事，以防止国民党军反攻大陆，现散落于后沙洋海坛景区附近农田与小山包上。在东沙古镇的入口处，也有一处。这些碉堡普遍建造于舟山解放后，因为是军事设施，至今不得予以拆除。这些碉堡多由石块砌成，极为坚固，造型多为不规则的圆柱体，墙体上砌出的方方正正的"猫眼"该是发射点，让人遐想遥远的枪林弹雨。

散落于农田上的废弃的碉堡

岱山境内还有大大小小坑道500余条，以中国海防博物馆的坑道最为典型，它通向东海第一哨所——东海瞭望哨所。岱山机场附近老鼠山也有一条长坑道，岱山机场初建成期间还停放过国民党军的侦察机。一些长坑道多从山底凿出，冬暖夏凉，常年

---

① 见《舟山市志》1992年版，第720页。

恒温，但越往里空气越稀薄，能见度低，尚未开发探险类的个性体验式旅游。

二、军事博物馆类

中国海防博物馆：兼具观光与军事基地游览体验的景观。

中国海防博物馆位于岱东镇黄嘴头东南面沿海地带，整个园区分中心展览区、边缘展览区、隧道展览区、休闲旅游区4大区域，各分区之间通过地形、树种、道路布置连接。海防博物馆原址曾驻守过军队，2004年撤出时留下了大量营房、战壕、坑道、碉堡、弹药库等军事设施。这使它的展览区除了展示海防史的图片，还有重型武器、碉堡、坑道、炮位等实物，并充分利用军事设施开展休闲旅游，设置了坑道探险区和战地野餐区等项目设施，使游客感受到博物馆的"新、奇、险、特"。

中国海防博物馆

中国海防博物馆中心展览区主馆占地650平方米，主要有600余幅图片和一些模型，展示了近代、现代的海防史，特别是舟山的海防历史。史料以海防斗争为主线，辅以海防战略、海防部署、海防力量、海防工程、海防教育等材料支撑。跨度囊括从明代开始的600多年海防史，主要史料从清代后期海防（1840年）始，侧重于人民解放军的海防建设，突出各种战役、战斗（抵御外敌入侵的战役、战斗）、海军建设史。在这里，游客不仅可以了解到海防知识，还可以见到郑成功的战船、参加甲午战争的定远舰和致远舰以及中山舰、重庆舰等6艘近代海防史上的著名军舰模型，亲手触摸来自这些战舰上的古老的天文钟、船灯、船钟等25件实物。副馆占地80平方米，将原营区复原为原驻岛官兵用房的设施和场景，用实物再现战士的生活起居、办公场所及指挥室等场景。边缘展览区占地约400平方米，主要包括海防实景、重型武器、碉堡、坑道、炮位等。错落有致地展示各种大型的现役或退役的真实重型武器，如"歼-5"型歼击机、双联装25毫米舰炮和双联装14.5毫米高射机枪等，让游客通过实物了解海军武器知识。舰模馆占地80平方米,为原军事坑道,以海军建设为主线,主要介绍新中国成立后我国海军的建设发展壮大史,展出的是航空母舰、驱逐舰、巡洋舰、护卫舰、登陆艇、潜水艇等24艘中外著名战舰模型。休闲旅游区配备了东海瞭望哨、坑道探险区和战地野餐区等项目设施。其坑道探险区修建于20世纪50年代至80年代,为军用坑道,通向东海瞭望哨所。

在风和日丽的日子,驾车前往中国海防博物馆,参观史上的著名军舰模型,亲手触摸过来自这些战舰上的古老的天文钟、船灯、船钟等实物后,"捣鼓"一下国军遗留下的双联装14.5毫米高射机枪,在"歼-5"型歼击机旁留个影,并流连一下原驻岛官兵用房,瞻仰一下"钢铁阵地""砺东海尖兵,筑海防长城""扬神威固海防"等题字题词,扎进坑道入口处体验一下"神秘莫测",也是不错的选择。

三、烈士纪念塔或纪念碑类

(一)大鱼山革命烈士纪念塔:海岛狼牙山之战的历史丰碑

大鱼山岛位于岱山岛西北的灰鳖洋上,东距高亭镇24千米。东和秀山临近,西与慈溪、镇海海域接界。全岛长约6千米,宽约1.5千米。位于大鱼山岛湖庄潭岗上的大鱼山革命烈士纪念塔,是"海岛狼牙山之战"的历史见证。碑用白色大理石砌成,高7.75米,占地19.6平方米,原中共三东地委书记、海防大队政委吕炳奎为纪念碑题词"大鱼山战斗英勇牺牲的革命烈士永垂不朽"。碑的右面刻着严洪珠、陈铁康等43位革命烈士的英名录,左面刻有大鱼山战斗革命烈士纪念碑文。43名革命烈士的墓2行排列在碑的后面。

曾经的海、陆、空立体战的硝烟遁于历史长河,关于英雄的记忆便凝聚成冰冷的石碑与热血沸腾的文字。1944年8月20日,新四军浙东纵队海防大队第1中队76名指战员面对8倍于我方的敌人,英勇地抗击了日伪联合部队海、陆、空三面夹击的多次轮番进攻,37名指战员壮烈牺牲,在浙东抗战史上写下了极其辉煌的一页[①]。当时,76名指战员自慈溪古窑浦起航,夜渡灰鳖洋,准备由大鱼山向舟山岛挺进开辟隐蔽的海上抗日根据地。由于大鱼山岛汉奸张阿龙(号沙山阿龙)的告密,指战员们在登上大鱼山岛后的第5天,也就是8月25日,突然遭到了由200余日军、300余伪军组成的日伪联合部队海陆空的进攻。在孤军无援的艰难情况下,指战员们浴血奋战了7个小时,击毙击伤日伪军百余名,抗击了日伪联合部队的多次轮番进攻,严洪珠等37名指战员壮烈牺牲。事后新华通讯社发了战报,新华广播电台向全世界广播,新四军浙东纵队政治部《新浙东报》著文表彰,浙东战斗报社还出版了《血战大鱼山岛》的连环画。

(二)石马岙革命烈士陵园:革命英雄的安息地

"青山处处埋忠骨",石马岙革命烈士陵园是为这些"忠骨"营造的大家园。石马

---

① 见岱山文史资料第一辑《血战大鱼山》,林通屿编,1986年版。

峤革命烈士陵园位于岱山县高亭镇石马峤、蟹钳峤两村交界处的山冈上，是献身岱山解放战斗的全体英雄的安息地，也是岱山最大的烈士墓地。其主要景点有墓区广场区、悼念纪念碑、烈士墓群、同志墓群等。高高耸立的纪念碑上镌刻着为岱山解放事业献出青春年华和宝贵生命的烈士的名字和英雄事迹。从1954年始，为岱山革命和建设事业牺牲的烈士陆续安葬于此。烈士陵园面积约4 000平方米，分主入口、广场区、悼念纪念碑区、烈士墓区、同志墓区五大部分。新建的纪念碑高15米，由碑身和碑座两部分组成，碑身正面刻有"革命烈士永垂不朽"8个大字，碑座刻有为岱山革命事业牺牲的274名烈士英名。石马峤烈士陵园共有烈士墓116座，现葬有烈士80名，下一步还将把散葬于本岛的20余名烈士埋葬于此。同志墓区有墓穴28座，现葬有21名同志。他们中的许多人没有留下照片甚至名字，墓穴只是衣冠冢。青松翠柏长青，英雄灵魂不灭。

石马峤烈士陵园入口处

四、军事陈列室、纪念馆类

（一）东岳宫盐民暴动纪念馆：盐渔民暴动的发源地

雕梁画栋的东岳宫盐民暴动纪念馆是这些景观中最具文化与艺术价值的景观，位于岱中司基村，距离岱山客运码头约12千米。精雕细琢的镀金飞檐，色彩艳丽的镂空雕饰，远望更像王朝鼎盛时期的宫殿。其主要景点有盐民暴动纪念馆、始建于宋代的照壁与台门，修葺一新的前后大殿、左右厢房及戏台，巨型石碑等。东岳宫是岱山合境之主庙，始建于宋宣和年间（1119—1125年）①，清道光二十二年即1842年被英军烧毁，清道光二十五年重建。其中后大殿5间，单檐硬山顶，明间抬梁结构，用9桁，其余穿斗结构。宽为6米、高3米的巨型石碑上刻写了东岳宫历史简介，在中台门上刻"革命纪念馆"。

据《岱山镇志·志社庙》记载，"东岳宫——在司基蛛蜘墩，为岱山合境之主庙。乡民凡有大事，必至是宫开议；盐民有事，尤必聚集于此；征粮分柜，亦设在其内。宋宣和间，道者徐静超募建。道光二十二年壬寅毁于夷扰，二十五年乙巳，里人周宏揆等重建……"。1927年春，中国共产党领导中国盐民运动，于东岳宫内成立盐民协会。1936年7月13日，岱山岛上发生了大规模的盐渔民暴动，数千渔民在东岳宫集会游行，事件曾震惊沪浙一带。愤怒的盐渔民群众焚毁了国民党秤放局大院，打死了伪秤放局局长缪光及20多个反动盐警和职员，迫使国民党反动政府及其盐务当局取消了"产盐归堆"和"渔盐拌红"的反动条令。这是岱山人民革命斗争史上参与人数最多、声势最大、影响最深的盐渔民联合抗暴斗争，当时的上海《申报》和宁波《时事公报》均做过专题报道。1985年，中共岱山县委、县人民政府于宫前立石碑，刻其事。与工农武装暴动不同，盐渔民联合抗暴斗争有着鲜明的海岛特色，是抗战史上另一笔丰厚的遗产，对历史学家、军事家了解20世纪三四十年代的政治时局及研究党史具有参考价值。

（二）中共东海工委旧址

中共东海工委旧址位于岱山县东沙镇念母岙三岔路口。东沙作为"中国唯一的海岛古渔镇"，近年来依托特有的旧宅、宗教、食俗文化，积极筹办各类旅游节庆活动，成功举办了三届古渔镇弄堂游戏节、泥鱼垂钓大赛等系列活动，知名度和影响力显著提升，2012年又成功入选首批"中国最美小镇"。1943年至1948年间为中共定海地下党领导机关"三东工委"、"东海工委"所在地，是浙东中共地下党员主要活动场所之一的中共东海工委旧址，正处于古镇沿街的两间平房内，坐西朝东，建筑面积55平方米。现建有中共东海工委革命史迹陈列室，占地面积约80平方米，主要介绍东海工委在詹步行任三东（东海）工委书记期间领导三东地区开展革命武装斗争的事迹。

沿着古镇的青石板，徜徉于古街的历史镜像，极富明、清两代特色的飞檐画廊，欣赏奇幻、神秘、抽象近乎怪诞风格的舟山渔民画画作及渔民画工艺品，领略被一些影视界行家称为"原汁原味的海上影视城"的东沙建筑的古典风范——既有四合院式的民居建筑，宏伟气派的宗祠建筑，古朴典雅的庙宇建筑，又有功能各异的商号建筑，还有近代欧式建筑，然后扎进中共东海工委旧址记录的"白色恐怖"里，竟然也会使您的文化寻根之旅变得厚重起来。1943年3月，浙东抗日根据地建立，对三东地区即

---

① 见岱山县志，1994年版，612页。

鄞县东、镇海东、奉化东,以及定海地区提出了构造南北海上交通的任务。中共浙东区委任命詹步行为定海县级特派员,于当年4月到岱山,与当地中共地下党员童春梅在念母费家租了两间平房,以夫妻身份开办"美丰杂货店"为掩护,设立地下党领导机关。1947年,党中央指示开展蒋管区斗争,恢复三东工委建址,詹步行任书记,领导机关仍设在"美丰杂货店"内。1948年1月,浙东临委在四明山孔岙召开了扩大会议,决定改三东地区为东海区,并成立东海工委,由詹步行任书记,要求在鄞东、镇东、象山沿海一带开辟东海游击区,开展游击战争。其领导机关一直设在"美丰杂货店"内。

(三)"保二"中队革命斗争纪念馆

"保二"中队革命斗争纪念馆

"保二"中队革命斗争纪念馆位于浙江省省级历史文化镇东沙镇的报恩寺内。东沙镇区内寺院宫庙众多,较有名气的有资福寺、报恩寺、净观寺、羊府宫、五都府、真神堂等。定海县警察局保安警察第2中队,简称"保二",是一支隐蔽在国民党番号下的武装力量,为掩护党的地下活动,策应和支援东海游击总队和舟山群岛游击支队活动做出过重要贡献。当时,地下党员王家恒长期潜伏在国民党内部,以国民党定海县警察局保安警察第2中队中队长的合法身份掩护和保卫东海工委领导机关。直到1948年10月"保二"中队被汤恩伯等以"通匪"的罪名缴械后,领导机关无法开展工作,詹步行撤离岱山。

天下兴亡,匹夫有责,佛门净土也不例外。"保二"中队开展地下活动时曾以报恩寺作掩护。以寺庙为掩护开展党的地下活动,也算是一段佳话。庙堂内古朴的建筑风格,使该纪念馆别有一番风味:青瓦、暗红色的古朴飞檐、黄色镂空的古色玻璃门。纪念馆内还有"保二"中队核心成员使用过的旧式自行车等实物,颇具史料与研究价值。

（四）抗日斗争的地下联络站旧址岱西植新小学

位于岱西青黑村的植新小学，是岱西抗日斗争的地下联络站。期间不少共产党员先后到该校以教师身份作掩护开展抗日救亡活动。1943年4月詹步行到岱山后，植新小学成为党在岱山抗日斗争的主要场所。1947年改名"石宫小学"，期间，余力行、翁世宁、柯茂杰、柳志明等共产党员先后到该校以教师身份作掩护，开展抗日救亡活动，培养学生民主意识，宣传抗日救国思想，发动盐民向日寇开展斗争。该校姜立纲、翁芝英、金信钿、黄庆跃等进步青年先后加入中国共产党。新中国成立后，学校几易其名，1983年恢复"植新小学"校名。1991年7月建"植新小学革命史陈列室"，设展板39块，照片、图片77帧/张，实物6件。浙江省人大常委会原主任陈安羽题写了室名，中共浙江省委原书记薛驹为学校题词："继承革命传统，培育四有新人"，全国政协原副主席、著名科学家钱伟长、苏步青分别为学校题词寄语"勤实"，"培植新才"。后在原植新小学革命史陈列室的基础上，又将原陈列室改为怀慈、植新革命史陈列室，分3个展厅，由"激情岁月""赤子情怀""亲切关怀""永恒纪念""桃李芬芳""历史新韵""翰墨飘香""作品展示"八大版块内容组成。

浙江省委原书记薛驹的题词

现因学校整体搬迁，原址荒废，一些有价值的碑刻无人料理，受损严重。进入原址，"岱山人民抗日精神永放光芒"等碑刻，与蒙尘的乒乓球桌、篮球场一起，已然在岁月中寂寞。

五、名人故居类

金维映故居位于岱山县高亭镇人民居委后街弄14号（黄家），其主要景点有金维映史迹陈列室、金维映少年青年时代的住所原貌。金维映烈士铜雕像位于岱山人民广场中央，雕像是一位年轻的女战士，英姿飒爽地屹立在美丽的鲜花丛中。金维映出生于1904年，岱山县高亭镇人，是新民主主义时期与蔡畅、邓颖超等齐名的女革命家。金维映1926年加入中国共产党，是舟山市最早的党组织——中共定海独立支部的领导成员之一，曾领导过著名的岱山盐民暴动，被誉为"定海女将"。金维映先后担任中共于都、胜利县委书记，中华苏维埃共和国第二届中央执行委员，中共中央组织部组织科长，中央革命军事委员会总动员武装部副部长，由于工作卓有成效，多次受到党中央的表彰和毛主席的称赞。1934年10月参加举世闻名的二万五千里长征，是红一方面军参加长征的30位女战士之一。1938年去苏联治病和学习。1941年，德军进攻莫斯科，不幸在战火中牺牲，年仅37岁。

位于岱山人民广场上的金维映雕像

1990年12月，中共岱山县委、县人民政府仿原貌对金维映旧居进行修复，并于1991年7月对外开放。1994年11月又重新装修，并充实了一批新的史料。1995年3月江泽民总书记亲自为金维映故居题写了室名。故居现占地面积349平方米，总建筑面积158.54平方米，陈列着金维映烈士生前用过的床、衣柜、衣橱等遗物10余件，展板54块，珍贵照片130余张及党和国家领导人题词4幅。故居旁还开设接待室，供前来参观的各界人士和团体休息。

六、抗倭斗争遗迹

（一）倭井潭：渔家三姐妹的抗倭壮举

倭井潭位于岱山长涂，是一山泉水潭，长 1.70 米，宽 1.40 米，高 0.40 米，井内壁用石块砌筑。抗倭碑通高 3.45 米，通宽 1.20 米，下砌基座，全用花岗岩石质砌筑，正面刻行楷体"抗倭碑"三个大字，背面刻楷书体碑文。水池长 22.50 米，宽 20.50 米，四周全用乱石砌筑。倭井潭是明嘉靖三十六年（1557 年）间长涂人民与倭寇进行斗争的实证。相传当年倭寇受戚家军沉重打击，逃至长涂岛。岛上原本淡水就缺乏，又遇久旱不雨，倭寇们霸占了此潭，不让岛上人民汲水，百姓恨之入骨。当时有渔家三姐妹，疾恶如仇，见义勇为，投毒于潭，想毒死倭寇。后三姐妹在与倭寇搏斗时丧生。2 年后，戚家军一举歼灭了倭寇。乡人砌潭为井，立碑以祀，因此得名。

（二）阵亡义勇冢：岱山人民的抗英记忆

阵亡义勇冢位于岱山大岙岙凸肚山上①。从军事意义上说，阵亡义勇冢是关于岱山抗英斗争的历史符号，更与民族英雄郑国鸿之子郑鼎臣的抗英壮举休戚相关。据《岱山镇志·古迹》记载，道光二十一年（1841 年）9 月 26 日，英军犯定海，定海军民与英国侵略者血战五昼夜，镇守定海的三总兵葛云飞、王锡朋、郑国鸿与 5 000 清兵战死沙场。10 月 1 日，英军占领定海，继而又攻占了镇海、宁波。浙江连失 3 城的消息，使道光帝甚为惊恐。10 月 18 日，道光帝任皇侄奕经为扬威将军，调内地数省军队，前往浙江应战。总兵郑国鸿之子郑鼎臣为先锋，率兵 2 000 人，先行在乍浦雇船潜渡至岱山，以图定海。道光二十二年正月二十二日（1842 年 3 月 3 日），在定海的英军事先又发现了清兵潜渡岱山的行动，于正月廿六日（3 月 7 日）派武装汽船"复仇神"号驶来岱山洋面，企图攻打还未在岱山站稳脚跟的清军。清兵见敌船前来，就采用火攻，想用火筏烧毁英舰，可是火筏点火时离敌船太远，又因风向突然逆转，反而把自己的船烧毁了，人船俱覆。后奕经命尽撤战火诸船。郑鼎臣积国仇家恨于心，不肯听命，或驻岱山，或驻大嵩山，来往逡巡，伺机进攻。至三月初四（4 月 14 日），郑鼎臣亲督火筏，进攻正在修理的"复仇神"号，结果共"烧毁英舰四艘，舢板二十余艘，焚溺英兵三、四百人"。1842 年 5 月中旬，郑鼎臣率部下闯进定海港"火烧英船数只，使英军溺死多人"。

当年，当地百姓收清兵尸体合葬于此山，名为"义勇冢"。在这个小山包上，现在还能见到不少散乱的骸骨。

只是同为抗倭斗争，倭井潭中所指的明朝"倭寇"，多是由日本浪人、中国海上商人组成的"海盗"，许多"倭寇"的大首领都是中国人，比如王直、徐海、毛烈、陈东

---

① 见岱山县志1994年版612页。

第三章
岱山县军事旅游资源状况

等。"倭寇"的来源是大量的中国商人、破产农民,被海禁逼迫的渔民和失意知识分子等,由于各种原因留居日本。而与阵亡义勇冢相关的"倭寇",是指英国殖民者。而倭寇的来犯,都与明朝、清朝闭关自守实行"海禁"有关。

表 3-1 岱山县军事旅游资源分布情况

序号	遗址名称	主要景点	参观线路
1	岱山机场	长 2 000 米、宽 40 米的机场跑道原址;1953 年到 1956 年间修建的防空洞、炮阵地、飞行员宿舍和指挥塔遗址	由岱山客运码头坐出租车到岱山机场,不到 15 分钟的路程
2	东岳宫	盐民暴动纪念馆、始建于宋代的照壁与台门,修葺一新的前后大殿、左右厢房及戏台、巨型石碑	由岱山客运码头坐出租车到东岳宫,大概 20 分钟的路程
3	大鱼山革命烈士纪念塔	大鱼山革命烈士纪念碑、大鱼山之战主战场部分遗址	由岱山客运码头坐小渡轮前往,因航速较慢,大概需要一个半小时的航程。一天只有一个班次
4	金维映故居	金维映史迹陈列室、少年青年时代的住所原貌;金维映烈士铜雕像	由岱山客运码头步行六七分钟可到达金维映故居;由岱山客运码头坐出租车到金维映烈士铜雕像,大概 5 分钟的路程,步行大概 20 多钟的路程
5	中国海防博物馆	中心展览区、边缘展览区、隧道展览区、休闲旅游区;营房、战壕、坑道、碉堡、弹药库等军事设施	由岱山客运码头坐出租车到中国海防博物馆,大概 30 分钟的路程
6	石马岙革命烈士墓	烈士广场、悼念纪念碑、烈士墓群、同志墓群	由岱山客运码头坐出租车到石马岙革命烈士墓,大概 25 分钟的路程。亦可以乘坐 501 路公交车前往
7	中共东海工委旧址	"中国最美小镇"东沙古镇全貌、中共东海工委旧址匾牌、中共东海工委革命史迹陈列室、石碑	由岱山客运码头坐出租车到东沙古镇入口处,大概 30 分钟的路程,亦可以乘坐从高亭经石马岙至东沙的 501 路公交车前往,再沿街步行到中共东海工委旧址
8	岱西植新小学——抗日斗争的地下联络站旧址	怀慈小学革命史陈列室、植新小学革命史陈列室、石碑、石刻	由岱山客运码头坐出租车到岱西青黑社区植新小学,大概 25 分钟
9	阵亡义勇冢	大峧岙全貌、"义勇冢"原址	由岱山客运码头坐轮渡到大峧岙,大概 20 分钟的航程
10	废弃的碉堡群	后沙洋海坛景区。东沙古渔镇入口处	由岱山客运码头坐出租车到后沙洋海坛景区,大概 25 分钟的路程。亦可以乘坐从高亭至后沙洋的 503 路公交车前往,下车后步行 3 分钟左右

舟山群岛 军事旅游资源探究

第二节 国共最后对峙:"华东第一机场"的前世今生

军事旅游资源,往往同战争与和平紧密相关。岱山作为"海防要塞"的独特地理条件的可利用性,反映了海洋经济社会发展过程中的民族融合问题、分裂与统一问题、阶级斗争问题、经济发展不平衡等社会问题。战争是社会政治、经济、文化的特殊表现,在岱山的战事中,有统一战争、割据战争、人民革命战争、反侵略战争等,特别是岱山机场作为国军撤离大陆进驻台湾的最后战场,其军事历史价值显而易见。

一、岱山机场:国军撤退舟山时重要战事的活标本

曾号称"华东第一机场"的岱山机场,1950年初建时期是国民党军轰炸上海、杭州等地的主要空军基地,"北自平津,南迄广东及武汉、西安,均在其作战半径内。"是国共最后对峙阶段国军重要的战略军事基地,也是研究国军撤退舟山时重要战事的活标本。作为一个极具军事史料价值与军事旅游价值的国防基地,这个"华东第一机场"的前世今生,自然值得研究。

(一) 1949年国军在舟山最好的成片盐田上修建岱山机场

1949年,蒋介石蒋经国父子因在大陆战场惨败给我军,抓住我军空军力量相对薄弱的环节,试图加强空军基地建设。在空军基地选址时,蒋介石把目光投向了群岛舟山。舟山是我国第一大群岛,是进出长江的海运枢纽、海防前线的军事要塞、华东地区的咽喉和屏障。据舟山国共战役的亲历者毛德传介绍,蒋介石当时在岱山桥头突击修建现代化大型机场,使它与恢复重开的定海城郊机场一起,作为国民党军队取得长江金三角制空权的主要战斗轰炸机基地,妄图阻挡我军渡海作战解放舟山,同时借此空袭骚扰业已解放的华东地区①。机场由蒋介石亲临岱山现场选址,军界头号军事工程学权威、浙江省政府建设厅厅长柳际明中将指挥。

定海城郊机场位于定海青垒头、东港浦一带,由日本支那派遣军于太平洋战争后期所建造。1945年日本战败投降,军队撤离,定海城郊机场一度荒废,荒草蔓延。蒋介石当时急需一个能马上投入使用的空军基地,便命国军空军副总司令王叔铭督守施工,拓宽跑道,扩充导航设施,边修边恢复起降使用。1949年5月17日午后,蒋介石一行于定海城郊机场登专机飞赴澎湖列岛,后转入台湾。定海城郊机场主要用作蚊式机及B-25型机基地,全部工程包括附属设施在1949年12月竣工。

要实现蒋介石"空袭骚扰业已解放的华东地区"的宏图伟略,定海城郊机场显然规模太小。蒋介石便意图在舟山群岛选另一场地新建更大规模的机场。为创建机场,蒋介石还组建成立了工程指挥部,由柳际明任指挥,抓行政动员组织;空军总部工程

---

① 毛德传:国民党军修建利用岱山机场的前前后后,《岱山文史资料》第3辑,中国文史出版社,1988年。

第三章
岱山县军事旅游资源状况

处副处长高正明任副指挥,主管技术施工。机场(含附属设施)工程基建投资为银元200万元,现场征用岱山各地盐农、渔民、渔村妇女自带扁担、绳索、条筐连夜施工,共投放数10万工。

机场指挥部为了突击抢修加快进度,减少民夫逃亡怠工,曾不得不拨出部分粮食作为补贴。机场跑道占用大量民田,其中占用盐田即达2 535亩。因是沏基,施工中块石泥浆混凝土层加厚,下亦铺设钢条轨框架以防淤陷。配套工程建有中心指挥塔、滑翔道、汽油库及大岐营房。为做好岱山机场航空基地的后援工作,又新建了竹行根火力发电厂、大坳山供水水库及龙眼通北浦新道头,其泄洪渠长3千米。同时,在滨海浪激嘴港口建造起千吨级码头,作为空军机场配套;两艘登陆艇可同时抢滩并列使用。岱山机场(含配套工程)工程于1949年7月开工。其中,跑道及中心指挥塔台于1949年11月15日完工,机场刚完工便开始投入使用①。首航机是一双翼教练机,由空军总司令周至柔之侄子周有湘驾驶自台湾飞来并代表周至柔作视察,随即有C-47型运输机载运武器抵岱山。全部工程扫尾竣工在1950年3月。

那时,国民党精锐美械主力盘踞舟山岱山,依托该地海洋天险筑防死守,蒋介石的战略企图是:"保守定岱,掩护台湾侧翼,并等待国际形势的变化,伺机反攻长江下游。"以岱山、定海两机场为前进基地,由空军舟山指挥所(指挥官赖逊岩)直辖兵力有3个大队,各类飞机42架;并依临时任务之需要,由台湾基地直接调遣飞机。岱山这个机场的规模,据当时没有逃走的国民党空军第十气象台二佐三级气象员王继曾说,它仅次于台北最大的一座机场。它的面积有60万平方米,跑道长达2 000米,全部由0.3米左右厚的水泥垒成,可以停落B-29型的重型轰炸机,2架P-38的战斗机在跑道上可以并行起飞,跑道北面修着10个停机坪。机场建设全部是在美国顾问亲自指挥下实施的。国民党军队对岱山机场寄予厚望,曾到外宣传:"这里修的是国际飞机场,将来要降落美国的轰炸机,修好了就要反攻大陆,打到上海去……"

(二) 1950年5月国军炸毁机场和1953年岱山机场扩建

整个机场的地块是岱山最好的连片盐田,蒋介石的计划是要在1950年5月20日全部修好。1950年5月7日,蒋经国曾亲自带着7个台湾妇女前来"慰问",以鼓励他的将士们死守舟山的士气。他们还用轮船从台湾运来了大批的汽油、炸弹,准备一旦机场全部完工,就可以按照计划停落大批的重型轰炸机,去轰炸华东、华北已解放了的各大城市。谁知战争事态的发展越来越不利于国民党军,不要说轰炸华东、华北各大已解放了的城市,连以舟山为据点驻扎大陆的希望都将破灭。若不撤出舟山,台湾将岌岌可危。5月17日早晨,国民党空军副司令王叔铭不得不亲自指挥部下全部焚烧了已运来的几千桶汽油,炸坏了刚修建好的飞机跑道,撤出了困守一年多的舟山群岛。这个修建了八九个月的岱山机场也就落到了人民解放军手中。

---

① 毛德传:国民党军修建利用岱山机场的前前后后,《岱山文史资料》第3辑,中国文史出版社,1988年版。

关于岱山机场扩建，课题组走访了当时参与机场扩建的原岱山机场修建委员会运输大队大队长韩效军。1932年出生的韩效军，祖籍安徽，淮海战役结束后南下来到舟山，原来在定海总工会工作。1953年5月岱山机场扩建时他是岱山机场修建委员会成员，任运输大队大队长。据他介绍，参与岱山机场建设的人员由驻地海军和地方民兵两股力量组成，时任岱山县副县长张庆顺亲自带队，交通建设局局长张裕和参与，分几次修建、扩建，到1956年才完成。机场建成后扩大了好几倍，全称"人民解放军海军航空兵岱山机场"，当时号称"华东第一机场"。机场周围修了防空洞、炮阵地，专门打国民党飞机。同时还修建了飞行员宿舍和指挥塔。时任国防部长彭德怀、总政治部主任黄克诚多次前来参观。

1953年5月岱山机场刚修建时，面积很小且满目疮痍，当时机场三面都被海涂包围，水泥地面被国民党的飞机炸开了好几个洞，特别是机场边上留有2个很大的大洞，还留有国民党1950年炸毁机场时留下的小型战斗机和小型运输机①。国军撤退时不能带走的东西，毁的毁，扔的扔，拿不走的汽车就开到了海里，现在舟山西码头的近海海域里留有很多汽车残骸。机场扩建由苏联专家提供技术支持。苏联专家住定海观音桥海军一招附近，经常往返于定海与岱山之间。扩建时为便于飞机起飞，把机场附近的老鼠山打平了，炸掉的老鼠山的山石填到海涂上，海涂上的淤泥挖了平均有1米多厚。作为军用机场，岱山机场一直归属东海舰队管理。经扩建，面积是原来的好几倍。机场的水泥路面上还镶嵌了许多图案，为了便于飞机停放与起飞。二期工程，继续扩建。

（三）1983年东海舰队撤出岱山机场管理

岱山机场不再使用，是源于当时震惊中外的大陆飞行员叛逃至台湾事件。据韩效军介绍，机场站长、副站长到20世纪80年代才撤掉。20世纪80年代，岱山机场还曾经作为军事旅游资源对外开放过。

1983年11月14日，海军航空兵第6师第18团2大队中队长、全天候飞行员王学成驾驶1架编号83065的"歼-5"（米格-17）战斗机从浙江岱山机场起飞，在2架台湾空军F-5战斗机的引导下，于当日10时15分在台湾桃园机场迫降。当晚，台湾当局在"行政院"会议厅举行了记者招待会，王学成手举随身佩戴的制式自卫武器59式手枪和飞行图囊，于是全球媒体都知道了叛逃者王学成的名字。他劫持到台湾的那架飞机是即将退役的国产"歼-5"型歼击机，编号为83065。12月1日上午，在台湾"国军文艺活动中心"，王学成"宣布脱党"。后王学成获黄金3 000两，加入台湾空军，被授予少校军衔。

二、岱山机场发生的重大军事事件

岱山机场，是国共最后战役的历史见证。国共舟山战役后，国军退守台湾，海峡

---

① 韩效军口述。

第三章
岱山县军事旅游资源状况

两岸从此鼎立,之后两党便不再有炮火纷飞的重大军事流血事件上演。1949年渡江战役前后,国民党军一部分从大陆溃退下来的军队,纷纷涌向舟山群岛,企图凭借海岛天险,与台湾相呼应,进行最后的挣扎。黄埔军校军事研究所作为军事事件研究的权威机构,它如此描述国共舟山战役的军队盛况:1950年,从定海和岱山起飞的国民党军飞机频频轰炸上海和宁波,破坏中共的工厂和基建,国军92师从台湾增援舟山,后复增装甲兵两个营于舟山本岛,本岛公路网基本完善。当时,据国民党军空军侦查发现,我军的宁波机场完工,炮兵等各大部队进入战列序,达4个军13万人已就位;国军决定再增派金门的19军的两个师增援岱山,至此国民党军在舟山的兵力已达12.5万人。而我军最后决定再增加两个军,以6个军的兵力夺取舟山,以20军和26军直取岱山,21军攻打登步岛和朱家尖岛、舟山本岛的东部,22军和23军攻占舟山本岛的西部与中部,总攻日期定在1950年的6月下旬。

作为国共舟山战役的亲历者,舟山市离职休养干部毛德传当时奉"定海军事管制委员会(主任谢福林将军)"派遣,随野战军渡海进兵,联络支前接管建政。据他回忆,1950年4月28日蒋介石自台北飞抵定海城郊机场,这是1949年5月起的一年间,蒋氏第4次巡视舟山。随行的有"总统府"局长俞济时、刘牧群,机要秘书曹圣芬,海陆空军3位侍从武官。还有美国前驻华舰队司令海军上将柯克(ALAN G. KIRK),以蒋私人顾问名义同来。第二次世界大战时期,欧洲盟军诺曼底登陆战役,柯克是美军海军舰队司令。

当时京沪杭甬已经易手,国共两军对峙舟山。蒋介石一行驱车察看环岛战备公路及码头,在干碓,见新建成的货运码头长32米,吃水8.5米,可供万吨级舰船使用;另有新筑干碓登陆艇码头,可供两艘登陆艇同时抢滩。岱山长涂岛和岱山新筑码头及沈家门码头已浚深。新建成岱山机场跑道长达2 000米,宽40米,北自平津,南迄广东及武汉、西安,均在其作战半径内。

当时国军有海军第二舰队(司令黎玉玺),计"太湖""太康""太昭""嘉陵""宝应""永顺""永修"7舰;海军第一军区(司令李连墀)炮艇共20艘。空军舟山指挥所(指挥官赖逊岩)有一、三、四三个空军大队,各型战机共42架。装甲兵由副总队长兼舟山装甲兵指挥官骆福全指挥,各型装甲战车121辆。踞舟山国民党军有吴仲直75军、朱致一87军、刘廉一67军、刘玉章52军、刘云翰19军共5个军16个师旅,计官兵12.5万人,准备与解放军第三野战军主力跨海决战态势。

国共双方最高首脑,都十分重视争夺舟山。1950年5至6月份,蒋介石在台湾处于最危难期。年初,美国杜鲁门总统公开宣布对台湾"袖手不管"任国民党政府自生自灭。美驻台大使馆大使回国,留守最高级别外交官仅是一等秘书,军官最高只是中校。面临中共即将发起三军联合两栖登陆强大攻击之际,蒋介石担心其舟山之国民党军全军覆没。1950年5月10日,台北国防部遵照蒋介石意图,决定弃守舟山,集中一切兵力退保台湾。自5月13日起到17日凌晨,兵民共14.8万人,由石觉统一指挥,分点分批登船撤退入台。内劫持舟山壮丁13 500余人去台湾,另有舟山绅商携家眷及青年4 000余人,自愿随国民党军赴台。据柳际明中将文称,由干碓码头(含猫峙、三江口)下海兵民达8万人,占赴台总人数的54.05%。

5月16日晚,岱山机场只留有一架"C-46"运输机了。19时多,"C-46"机腾空,火光闪耀,工兵正将耗银元两百万新筑的岱山机场实施大爆破。

毛德传认为,舟山战役最后结果是影响海峡两岸相峙。中国内战舟山战役自1949年7月宁海象山半岛战斗结束后,7月24日,人民解放军第7兵团司令员王建安、兵团副政委姬鹏飞在宁波召开舟山作战会议起至1950年5月国军放弃舟山撤军入台,历时长达10个月,双方出动兵力达30万之众,且有苏俄军直接参战,此为解放战争时期前无先例。与古今中外诸多战役战斗不同的是,国共都宣称本方取得了伟大胜利,国民党军且自誉为媲美"二战"时英法军邓刻尔克大撤退!人民解放军不再采用激战付出流血伤亡而占取全舟山,使国民党军对京沪杭甬特别是大上海的轰炸封锁被打破,保障了大陆最富饶地区的安全。

第三节 "岱山盐渔民暴动":人民革命战争的鲜活一页

岱山东岳宫的扬名,在于1936年7月岱山岛上爆发的大规模的盐渔民暴动,万余名愤怒的盐渔民群众焚毁了国民党秤放局大院,打死了伪秤放局局长缪光及20多个反动盐警和职员,迫使国民党反动政府及其盐务当局取消了"产盐归堆"和"渔盐拌红"的反动条令。岱山盐政当局从1936年起试行"渔盐变色"和"产盐归堆",强迫盐民用红粉拌白盐,作为渔盐标志,致使加工渔货有悠久历史的东沙角加工厂腌制的海货质量下降,价格大减;同时,盐民被迫缩短晒盐时间,使产量降低,影响盐民生计。而在1936年之前,岱山1927年的盐民暴动,亦以东岳宫为活动集结地。研究岱山盐民暴动的相关历史,对于了解舟山解放前盐民渔民的真实生活,开展红色教育,摸索中国盐业历史发展脉络,充实中国盐业博物馆展览内容,都具有重要意义。

一、寻常巷陌中的东岳宫

东岳宫与岱山机场一样,都位于岱山西部,从岱山机场到东岳宫,只几分钟的车程。东岳宫革命遗址位于东沙镇司基社区,占地面积3 000平方米,建筑面积1 500平方米。穿过司基的寻常巷陌,在小巷的一隅,会发现一座修葺一新、雕龙画凤的照壁与台门,门口是书写着"革命圣地"4个字、记载岱山东岳宫历史与盐民暴动历史的巨型石碑。

从台门往里望,是与照壁与台门一样,始建于宋代的前后大殿、左右厢房及戏台,古色古香扑鼻而来。这些建筑色彩艳丽,传统与现代的审美,竟是无缝衔接。东岳宫作为岱山合境之主庙,是乡民、盐民们议事、集会的场所,"征粮分柜"的场所。历经千年的戏台下,也曾经有无数的繁华上演。岱山老人至今说起演"戏份"还神采飞扬,津津乐道。当锣鼓响起,戏剧开场,东岳宫内便人山人海。

东岳宫的最终扬名还在于20世纪30年代的那场盐民大暴动。东岳宫内的盐民暴动纪念馆,俨然是古典与现代的合体,外观上别具一格。那里,记载了水深火热之中海岛盐民的不屈与抗争。

二、1936年盐渔民联合暴动始末

为了解当年盐渔民联合抗暴斗争的实况,课题组走访了岱山海洋文化名人、岱山县新四军研究会理事林通屿老先生,林老先生曾主编数辑岱山文史资料,为我们提供了翔实可靠的第一手资料。而在东岳宫的盐民暴动纪念馆里,也记载了这一重大历史事件。

(一) 1936年盐渔民联合暴动的源起

清代盐法由明代沿袭下来,"煮海为盐"的盐民只有生产权,而没有经营权,只有获得盐票(盐引)的盐商才能到盐场收购,运到指定的地方销售,在规定范围内有专卖特权[①]。盐商垄断全国食盐流通的全过程,获取巨额商业垄断利润。盐税成为政府重要的财政收入,盐商与朝廷关系十分密切。辛亥革命推翻了清政府,但清代盐法却依然在沿海各地流行。

岱山岛盛产鱼盐,岛上盐田众多,早在20世纪二三十年代就成了浙东沿海著名的鱼盐之乡。岱山的盐,色白、粒细、味鲜,古有"岱盐""宫盐"之称,盛销苏州、常州、无锡等地。但鱼盐的丰收并没换来盐民的丰衣足食,官府横征暴敛,盐商中饱私囊,垄断经营,辛苦劳作一年的盐民常是衣衫褴褛、食不果腹。当时盐区里流传的一首歌谣颇能形容盐民的辛苦:

苦卤苦水苦扁担,两只脚底磨泥滩;

披星戴月出门槛,回家身矮三寸三。

许多贫苦盐民自己没有盐田及晒盐的设备,只得租盐田、盐板晒盐或晒分盐。在正常的天气下,一户盐民家庭全年大概能收入1 450斤左右的大米,这点米是众口之家所有的经济来源。而岛上天气多变,若台风、海啸来袭,盐场上晒的盐被风浪洗劫一空,大米的收入便化为泡影。很多盐民卖儿卖女,外出讨饭,甚至因为养不起,把刚出生的孩子给活活溺死。

当时掌管岱山盐务的机关叫岱山场公署和秤放局,它在两浙盐务总署的垂直管辖下控制着岱山盐场全部产盐的运销和税收。场长缪光兼任秤放局局长及盐警队队长。缪光是时任国民党浙江省主席张静江财团的得力干将,又是国民党中央财政部税务总署署长缪秋杰的亲兄弟,仗着后台权势,以岱山王自居,声称:"我在岱山,业是盐业,民是盐民,一切都归我管。"又因缪光生得脑满肠肥,头大颈粗,盐民们背后都叫他缪大头。缪光自1931年上任以来,与岱山的土豪劣绅、地主老财、五属公廒[②]的师

[①] 王自夫:南浔巨商与岱山盐业,刊于《舟山日报》2007年7月13日。
[②] 五属公廒是清末至民国中期两浙大盐商周湘龄、张静江等设在岱山的官商勾结盐业经销的垄断组织,运销浙盐至江苏的苏州、常州、镇江、太仓、松江,所以又称江苏五属公廒。廒即仓库。两浙盐场贮盐地方称廒,盐商故名廒商。光绪七年(公元1881年),岱山东沙首设"五属公廒"盐业销售机构。

东沙古镇上的盐渔民铜像

爷们紧紧勾结,残酷地剥削压迫盐民。他本人生活奢侈无度,妻妾成群,吃、喝、赌、嫖样样俱全。

1935年,国民党政府由于连年内战财源严重困乏,于是进一步加紧了对全国人民的搜刮。岱山盐务当局,屡以整盐为名,不断增加盐税。据统计,当时的两浙盐税名目达13种之多。在岱山,一司马担①渔盐要征税3角,而把盐民卖出的盐价一再压低,由原来的每百斤0.986元下降为0.81元,以后压低到0.71元②。1935年下半年,国民党财政部为了进一步杜绝盐民贩卖私盐,颁发了"产盐归堆"和"渔盐变色"的命令。所谓"产盐归堆",是指盐民把每天产上的盐在下午4点之前挑到指定的地方集中归堆,逾时不收,家里不许贮藏,不得过夜;所谓"渔盐变色",是指以红粉拌白盐,每百斤拌四两红粉,作为渔盐标志。在盛夏时节,下午三四点正是晒盐的大好时光,盐民为赶上归堆时间提早收盐,不但浪费工夫,而且大大缩短了盐的结晶时间,势必造成盐的产量降低。盐民生计大受影响,苦苦哀求不成,便派人上访请愿。

缪光为了镇压盐民,便调集了大批盐警,凡是遇到挑白盐的盐民就抓,并以偷漏"国税"的罪名来惩处。对于即使拌了红的,但拌得稍淡一些,也要勒令重拌,或充公

---

① 司马秤在我国历史上主要用来称量黄金、药材等贵重物品,明清时代的居多,托盘、秤盒等大都经过精雕细琢,许多司马秤用象牙或珍贵木材乌梅等制成。杆秤,用于称量不同重量的物品,其秤杆则有不同的长短粗细,此外杆秤的挂钩有直钩、圆环钩、花环钩等多种样式。司马秤中的1钱,约等于3.72克;一两=10钱=37.2克;一斤=16两=595克。

② 见《岱山文史资料》第一辑中《一九三六年岱山盐渔民暴动》一文,林通屿编,1986年版。

第三章 岱山县军事旅游资源状况

没收,甚至把盐民关、押、吊、打,弄得盐民叫苦连天,怨声载道。缪光还想出了"钉牌照"办法,强迫盐民重新登记盐板,规定每板必须交洋一元,才发给"牌号",不然不许开晒。通过登记盐板,规定每块盐板全年必须交盐 300 斤给五属公廒。如所上交的盐不足 300 斤,便怀疑你走私私盐,又将遭到惩处。苛捐杂税像一条条恶犬,把水深火热中的广大盐民逼上梁山。

(二)"岱山盐民运销信用合作社"的诞生

随着广大盐民与国民党反动政府矛盾的日益激化,当年盐民运动骨干分子、岱山盐民协会念母岙分会主席冯天宝等加紧了活动。

1931 年前后,国民党"立法院"中亦有不少委员提出"废引改制"改革盐务的提议,并在第 136 次立法会议上通过了所谓新的盐法。冯天宝借此机会,会同泥峙盐民周凤仙、王小章和东沙角人士郑赐昆等向定海县政府、浙江省政府呈文,要求建立盐民运销合作组织。不久,浙江省建设厅任命黄国光①为"定海县盐民运销信用合作社"指导员,来岱山筹建组织。黄国光到职后很快同冯天宝等取得了联系,不久在东沙角召开了盐民代表大会,正式成立了"岱山盐民运销信用合作社",通过了社章,还选举了冯天宝为主席,郑赐昆为秘书。

为使"岱山社"确立合法地位,黄国光、冯天宝等带领盐民代表到岱山场公署办理公案,理直气壮地同缪光谈及组社和维护盐民合法权益的事宜。缪光畏惧办岱山社系省厅咨授意,不敢公开非难,还对黄、冯二人客气有加。各乡盐民都壮了胆,踊跃报名,岱山社组织迅速壮大。

为了进一步与盐务当局开展斗争,黄国光、冯天宝以岱山社的名义,向岱山场公署、秤放局提出了义正词严的三大主张:第一,要求改革盐务,产盐由盐民自己运销,第二,要求降低税率,提高盐价;第三,废除"产盐归堆""渔盐变色"②。而岱山场公署及秤放局无视广大盐民的强烈反对和正义要求,继续实施"产盐归堆"和"渔盐拌红",还在板井潭等地圈田 100 多亩,建造官仓坨基。盐务局的做法彻底激怒了广大盐民:"与其饿死,不如拼死!""团结起来与秤放局拼!"这些口号,像一股疾风,迅速地在各地传播。

可以看出,"岱山盐民运销信用合作社"的成立是 1936 年盐民运动的组织保障。通过这个组织,盐民群众进一步看清了盐务局与秤放局的残酷本质,也通过黄国光、冯天宝等意见领袖的指引,进一步明确了斗争方向、策略和方法。

(三)盐渔民联合暴动一触即发

1936 年仲夏时节,岱衢洋大黄鱼旺发。自从渔盐拌红之后,用红盐加工的鱼货,成了红鱼红鲞,色、香、味大不如前,而且容易发霉腐烂。广大渔民深受其害,连东

---

① 黄国光,新中国成立后曾任六届全国政协委员、中国民主促进会中央常委、对外经济贸易部中国畜产进出口总公司顾问,国际贸易促进会仲裁委员。
② 见《岱山文史资料》第一辑中《一九三六年岱山盐渔民暴动》一文,林通屿编,1986 年版。

沙角100多家鱼厂和难以数计的鱼商鱼贩也受到牵连。渔盐变色还严重地妨碍了渔民生产，渔民们常常通宵达旦在秤放局门口排队领单待秤。秤放过程中，盐警又故意找茬，说盐民们挑来的盐欠红、不红，勒令退回或重新拌红，有时还没收充公。秤放局还常以查私盐为名封锁港口，不准渔船出海，使大批渔船堆集海涂。充公的盐，都肥了盐警与秤放局职员的腰包。盐务当局的倒行逆施，激起了广大渔民的极大愤慨。

岱山各地盐民协会分会委员名单

  1936年7月10日（旧历五月廿二）晚，黄国光、冯天宝发动全岱山盐民扛板罢晒。次日一早，两人又在桥头资福寺召集各乡各分社主席及小组长以上骨干分子具体部署罢晒行动。各乡盐民纷纷响应，当天晚上分头集会，到了7月12日，全岱山盐民一齐罢晒。顿时，扛板烧草形成燎原之势。五属公廨的师爷们惊慌失措，就串通各地蓬长、秤手从中破坏。黄国光、冯天宝意识到了斗争的复杂性，决定打铁还需趁热，并于第二天召开渔盐民联合大会，组织更多的盐民渔民游行请愿向秤放局示威。

  7月13日，东岳宫人山人海，来自各乡的近4000名盐民在这里集会抗晒。在群情激愤的大会上，冯天宝、周凤仙以及盐渔民代表登台讲话，揭露盐务当局的种种罪行，提出了反对拌红、反对归堆，提高盐价的斗争目标和办法，并号召渔盐民万众一心，坚持斗争，不达目的，决不开晒。会场上响起了阵阵掌声。刚巧那天秤放局一个测量员还在盐场上拷归堆的盐桩，被前来开会的盐民们抓到了东岳宫。另一个秤放局司秤员（姓杨）受缪光派遣，混在盐民中前来探听消息，被逮个正着，揪到台上挨斗。盐民们一阵痛摔，这人当场断气毙命。接着，几千名盐渔民群众结成请愿队伍，呼着口号，浩浩荡荡地向东沙角行进。

  当队伍行到龙眼，适与前来镇压盐渔民开会的盐警相遇。盐警放枪打伤盐民，死伤无数。愤怒的盐渔民与盐警赤身搏斗。盐警们寡不敌众向秤放局逃遁。盐渔民三路夹攻，围住了秤放局。而且，停泊在东沙角一带的外地渔民也前来助战。一群奉化渔民先赶到念母岙的玄坛庙，向驻守在庙里的盐警夺枪。10余个盐警措手不及，先后被

第三章
岱山县军事旅游资源状况

渔民打死。渔民们缴获了10多支步枪,疾奔东沙角攻打秤放局,"缪大头滚出来,打死人要抵命!"的口号声此起彼落。同时,一队队的盐渔民把守着东沙角的每条街道和弄堂,不使缪大头逃跑。

下午3点,盐渔民向秤放局发起了火力进攻。一群强悍的渔民凭借少量武器,冲到了秤放局门前的空地上,盐警队长胡不归被击伤,盐警队因失去指挥而慌了手脚。天黑之后,秤放局已是四面楚歌,前无救兵,后无援军。因为分驻在各地的盐警早已闻风丧胆,没人敢来送死;东沙警察所本来就与秤放局结了梁子,这样的场面唯恐避之不及,干脆装聋作哑不予过问。盐警们溃不成军,或被当场击毙,或混入人群逃之夭夭。缪光从后门逃到了新道头汤悦卿家中。盐渔民深夜追踪,包围了汤家,汤氏怕引火上身故不敢继续窝藏。

7月14日拂晓,缪光头戴凉帽,身穿蓑衣,扮作拾泥螺人从汤家后门钻出,妄图找船外逃。他刚踏上海涂就被监视在那里的群众发觉。自知无法脱逃,他就跪倒在泥涂上叩头求饶,又从裤裆里摸出一大沓钞票散给群众,并表示愿将全部财产充公,以赎一死。愤怒的群众自然不信他的鬼话。黔驴技穷的缪光便拔出手枪,并开了两枪。这两枪使愤怒的群众似火上加油,盐民们手起锹落劈倒了缪光,将尸体投入了大海。

三、1936年盐渔民联合暴动后的血色岱山

缪光之死自然大快人心,但此事件大大震惊国民党反动政府及盐务当局,急令镇压,两浙盐务总署署长张中立率"绥南舰"来岱山,并调遣外地盐警从东沙角山嘴头登陆①。根据密报抓捕了资福寺的3个和尚以儆效尤,以"莫须有"的罪名说他们指使了盐渔民暴动。之后又拘捕了泥峙盐民刘阿东和木匠沈阿云,先关在小岭墩,后又拘禁在羊府宫。刘阿东越墙逃走,沈阿云与清良和尚被解赴杭州,沈阿云被关了二年后保释,清良和尚被无辜杀害。在大批盐警追捕下,外地渔民当夜逃离东沙,但不敢返回原籍,只得在海上流亡,本地渔民和广大盐民也纷纷躲避。来自各地的盐警到处横行并乘机抢劫,东沙角的一些商铺、厂家,连缪光寓舍也被抢掠一空。商人、居民纷纷外出避难,昔日热闹的横街鱼市变得死气沉沉。

黄国光、冯天宝料定国民党盐务当局必然乘机报复,还将殃及鱼池。于是决定岱山社暂停活动,并通知盐民运动骨干分子和暴动中头面人物立即离开岱山,还确定冯天宝处理善后,黄国光去定海活动。黄到定海后,本想利用定海县政府与岱山盐政之间的矛盾,力图用地方势力来遏制盐政。而此时,岱山盐务当局不断增派人手,缪光的胞弟缪秋杰气势汹汹扬言要追缉"凶手"为缪光报仇。岱山社被查封,冯天宝、周凤仙、王小章、郑赐昆等都被通令缉捕,黄国光也被暗中查缉,不久他携带了家眷秘密离开了岱山。随之,冯天宝等也到外地避难。整个岱山人心惶惶,生产停顿,产业

---

① 见《岱山文史资料》第一辑中《一九三六年岱山盐渔民暴动》一文,林通屿编,1986年版。

萧条，笼罩在白色恐怖之中。

当时，定海、岱山、沈家门等各界爱国人士和宁波、上海同乡会都竭力反对无辜抓人，并呼吁当局采取措施，安定岱山社会秩序恢复生产，有的还主张惩办肇事盐警，救济被害盐民。于是国民党浙江省政府先后派鄞县督察专员赵次胜和定海县长沈溥来到岱山，还调来了一批保安部队。这些人怕事情闹大，也主张安定民心。不久，"西安事变"发生，国民党政局也无力纠缠此案，此案便不了了之。

四、1936年盐渔民联合暴动的历史价值探析

20世纪二三十年代，岱山曾经爆发了多次盐渔民暴动，与反动武装抗争，为温饱背水一战。但没有一次盐渔民暴动，胜过1936年岱山盐渔民联合暴动的规模，能如此使国民党政府和盐务当局胆战心惊，如此引起社会各界的强烈反响。

20世纪20年代初，岱山茶前山盐民曾发起盐民大暴动，把盐场公署缉私营的委员捉到东岳宫进行斗争，迫使盐场公署把盐价由每百斤0.711元提高为0.8027元，并将司码秤换为市秤，并顺势成立了盐民协会。茶前山盐民协会的成立，对周围的盐民鼓舞很大，不到一个月时间，岱山各地盐民先后成立了10个分会。各地分会成立以后，便着手成立岱山盐民协会，来统一领导岱山盐民运动。1927年，岱山盐民协会于3月12日在东岳宫开成立大会，到者万余人，宁波总工会代表裘日朝，定海县党部常务委员邬企予，妇女联合会代表王霖，宣传部金维映参加了活动①。中国共产党宁波地委经济斗争委员会书记顾我在外殿讲完即到巡抚庙及大殿前演说，然后整队游行，队伍长达10里，提出要求增加盐价1倍，即由每百斤盐价0.8027元增为1.6054元。此次盐民暴动在政治上打击了盐场公署、秤放局和土豪劣绅的威风，在经济上得到提高盐价增加工资等胜利，但盐渔民生活上还是十分困难。

1936年的盐渔民联合暴动，有组织统一协调，且有不少外地渔民参加，势头更猛，彻底迫使国民党反动政府及其盐务当局取消了"产盐归堆"和"渔盐拌红"的反动条令，从而引起了社会各界强烈反响，沉重打击了国民党政府及其盐务当局，极大地鼓舞了人民群众团结起来与反动派进行斗争的决心和信心。同时，该暴动也为抗日战争、解放战争期间我党在岱山建立地下组织和革命武装创造了良好条件。

第四节　大鱼山之战："海岛狼牙山之战"的历史丰碑

位于舟山岱山县西北部灰鳖洋上的大鱼山，是一座孤悬海上的小岛，由一列东西走向的山峰构成。血战大鱼山岛，是新四军浙东纵队直属海防大队在日寇陆海空军联合进攻下进行的壮烈战斗。1944年8月25日，新四军浙东游击纵队海防大队第1中队76人进驻大鱼山岛后，经叛徒出卖，突然遭到日本侵略军200多人、伪军300多人和

---

①　见《岱山盐民协会成立经过》一文，刊于1927年3月19日的宁波《时事公报》。

两架飞机的联合进攻。新四军以 1 比 8 的兵力，与由飞机大炮武装的敌人激战 7 个小时，最后因敌众我寡，弹尽无援，除 26 人突出重围，被当地居民隐蔽起来外，有 7 人壮烈牺牲，35 人被捕。其中被捕的指战员被押上敌舰后，遭到日军的集体屠杀。屠杀中，有 3 人跳水，只有 1 名叫李金根的人生还。战斗中共毙伤日伪军 100 余人，海防大队 37 名指战员和当地 5 位渔民壮烈殉国[①]。

一、大鱼山革命烈士纪念塔与七夕节的民祭烈士传统

大鱼山岛是个面积仅 8.44 平方千米的小岛，岛上没有电视信号，电也是自发并限量供应。从岱山高亭到鱼山岛，一天只有一班摆渡船，还需要一个半小时多的航程，颇为不便。因对游客缺乏吸金能力，岛上没有宾馆旅社，住的多是老人。那个作为"海岛狼牙山之战"历史见证的大鱼山革命烈士纪念塔，塔前并不大的广场，唯有在每年的农历七月初七这天，人头攒动，香火袅袅。

大鱼山当地老百姓没有忘记 1944 年 8 月 25 日那场惨烈的"海上狼牙山之战"。大鱼山在当地被称为红色大鱼山，民祭大鱼山烈士的传统，在数十载的光阴里被沿袭了下来。1944 年 8 月 25 日恰逢农历七月初七，本是情人相会的七夕节。但从那次战斗后，大鱼山岛的老百姓把每年的七月初七当做是岛上英雄的忌日。每逢农历七月初七，岱山大鱼山岛上的居民都会自发祭扫 1944 年 8 月 25 日牺牲的 42 位新四军烈士。那天，烈士墓前摆满了糕点瓜果等祭品和点燃的香火，广场上坐满了人，紧闭双目，嘴里念念有词，祈祷默哀。近年来，随大鱼山岛上渔民生活水平的不断提高，不少家庭基于为孩子提供更好的学习生活条件考虑，在岱山县城买了商品房。不少老年人也随子女进城享清福。但到了七月初七这天，他们都会自发地聚集到大鱼山革命烈士纪念塔前，缅怀英雄。

这几年，随红色旅游的兴起，"海上狼牙山之战"进入媒体视野，"长三角"一带的媒体记者出动人力、物力采访"海上狼牙山之战"亲历者、幸存者，以及烈士后人，也使读者对"海上狼牙山之战"产生了兴趣。对革命史异常热爱的上海浦东乡土收藏家倪胜昔，被媒体称为"红色收藏"专家，他收集了很多关于海上狼牙山之战的资料。2012 年，当媒体问及大鱼山岛民祭烈士传统的形成原因，倪胜昔如是说："新四军战士那种与敌人血战到底的硬骨头精神，是大鱼山上一代人亲身感受和亲眼所见，这就是 68 年来大鱼山群众年年到烈士墓前祭祀的主要原因。"

1944 年 8 月 25 日的"海上狼牙山之战"，到底是怎样的惨烈呢？

[①] 新四军在大鱼山血战中毙伤日伪军的数目，以及牺牲的指战员数目有待商榷。战争幸存者韩永康回忆毙伤日伪军 100 余人，而另一幸存者李金根回忆毙伤的日伪军是 80 余人。两名幸存者都确认此战中牺牲的烈士为 42 人。但 1988 年 7 月建造大鱼山战斗革命烈士纪念碑时，碑的右面刻着严洪珠、陈铁康等 43 位革命烈士的英名录。此战有当地渔民大要求参加战役，当年陆续归队的新四军向党、向大队部汇报大鱼山战斗的经过和烈士名单时，确认牺牲的指战员是 37 人，其他 5 名烈士该是当地渔民。

二、日寇陆海空军联合进攻下的大鱼山战斗

1944年,我解放区战场发动了对日寇的局部反攻。浙东沦陷后,日军一直把舟山作为浙江沿海重要的海军基地。新四军浙东纵队党委根据三东地委的建议①,决定由海防大队派出部分武装力量开辟隐蔽的海岛游击根据地,开展海岛斗争,牵制敌人的力量,以备日后作为配合盟军进军舟山群岛的跳板。岱山的大鱼山岛是上海到宁波、舟山等地补给运输的必经之路。当时,岛上还没有日寇的驻军,只有几名伪军。纵队司令部给予海防大队大队长张大鹏的任务是:深入大鱼山岛,开辟抗日根据地,以配合盟军在东南沿海登陆反攻,并给中队送来了三挺轻机枪和两门小炮②。大队决定由副大队长陈铁康带领一中队先到舟山群岛北部的大鱼山岛,而后进入秀山、岱山和舟山本岛。

(一)新四军浙东纵队海防大队第1中队进驻大鱼山岛

1944年8月20日午夜,76名指战员,携带武器弹药和给养物品,分乘5艘帆船从慈溪古窑浦起航,向大鱼山岛进发,并于21日清晨顺利抵达大鱼山岛。

当时大鱼山岛有400来户人家,1 000多人口,多以捕鱼、种地、砍柴为生。自从浙东沿海沦陷之后,日寇屯兵海岛,把舟山当做加强上海外围防护和通向南洋的海军基地。大鱼山岛虽然地处偏僻,没有日本驻军,但日寇豢养的一伙伪军整日在岛上敲诈勒索,奸淫掳掠,大鱼山人民深受其害。

8月21日清晨,陈铁康一行人抵达了大鱼山岛,从南水头涉水上岸。为了防止岛上盘匪顽抗,副大队长陈铁康,立即布置警戒任务,命令部队上山做临战准备,并派战士到各村岙侦察。盘踞在岛上的匪军见我部持枪扛炮、队伍齐整、纪律严明,被吓破了胆,不敢轻举妄动。这伙盘匪系日伪"舟山保安总队大洋山独立中队"俞康祺部所属的一个分队,共五六个人,三四条枪。③ 这里的群众没见过新四军队伍,见陈铁康一行70余人上岛,以为又是海匪、强盗登岸,也是惊恐万分。为了取得群众信任,陈铁康一面将部队拉到山下,在群众家安顿暂歇;一面派干部、战士到各村岙慰问和联络群众,向群众宣传抗日救国的道理,表明自己是抗日的队伍,是老百姓的子弟兵。群众见战士们不拿群众一针一线,还为群众挑水打柴,伪保长们杀鸡宰羊招待都一律谢绝,群众送来的鱼虾、海蜇、泥螺、蔬菜、茅柴等物,均一一照价付钱,根本不是伪军横行霸道的作风,警惕心理立马松懈很多。指战员们还把自己的饭菜分给面黄肌瘦的老人、孩子们吃,这彻底拉近了部队与群众间的距离。

在开展群众工作的同时,中队部对岛上的伪乡、保长和地方人士进行了教育和争取工作。副大队长陈铁康曾以个人的名义召集他们,向他们宣传我党抗日救国的主张

---

① 三东是指浙东抗日根据地中的鄞县、镇海、奉化三东根据地。
② 李金根回忆,见《壮士血战大鱼山》一文,刊于《宁波晚报》2005年8月15日。
③ 原日伪舟保大洋山独立中队俞康祺中队长勤务谢世荣回忆。

第三章 岱山县军事旅游资源状况

和统一战线的政策,并阐明了部队来岛的宗旨是:"联络各方,共同抗日,保护地方,爱护百姓。"① 当时岛上伪军一个小分队头目叫张阿龙,他表面称不帮日本人打中国人,背地里却与日军来往甚密,是地道的汉奸。不久,阴险狡猾的张阿龙来到中队部,假惺惺地"拜会"陈铁康,暗地里窃取我部军情。就在新四军战士在岛上开展群众工作时,张阿龙趁他们不备搭了一艘小船,于22日晚偷渡到岱山向日寇告密。8月25日清晨,日伪军近600人分乘炮舰、汽艇和机帆船向大鱼山驶来,随后两架敌机也前来助战②。

(二)"海岛狼牙山之战"始末

1944年8月25日(农历七月初七)清晨,渔民正出海捕鱼,农民刚下地劳动,天际突然响起了隆隆的马达声,一架敌机在大鱼山岛上空绕山盘飞,海面上数艘敌舰向大鱼山逼近。副大队长陈铁康始感敌情严重,部队已处于包围之中,情况十分危急。他与中队干部们立即做了应战决定,一面通知事务长将部队的粮食、衣物运送下船,一面命令部队紧急集合,随队来的5艘船伪装成渔船停在海边,由5位战士看守,伺机而动。部队立即分3路上山,抢占3个制高点:小西洋对面的大岙岗,背面的打旗岗和西侧的湖庄头,形成犄角之势,分别控制了附近滩岸的登陆点。与此同时,中队部派战士帮助群众迅速转移。

部队刚踏上山冈,敌船从大军舰上放下小舢板,跟在炮艇后面,迅速向岸边靠拢,然后是敌机呼啸着俯冲扫射,军舰上的大炮也猛轰,炸弹碎片到处在飞。③ 顿时,山头上村岙里弹石横飞,硝烟弥漫,村子里的群众一片惊慌,男女老少争先恐后往四处逃奔,山冈上的指战员们火速进入阵地,沿山挖掘掩体,并严密地监视着来自海面上的敌人。上午8时许,日寇和伪军在敌舰、敌机的火力掩护下,从南北两头爬上了大鱼山岛,南从涨网岙的狗头颈,北从大西洋的鲸鱼坑,搜索前进,沿途烧杀向海防大队一中队迫近。北路由伪军班长范阿表(鱼山人)带路,绕过大西洋,窜至大东岙,发现大岙岗上的我军阵地,就架枪射击,敌指挥官驱使伪军的一个班向大岙岗冲击。这伙伪军遭到猛击,狼狈逃回。

当伪军几次冲向山头都被击溃之后,日寇就开始向海防大队第1中队进攻,鬼子刚刚爬到山腰也被阵阵排枪打得晕头转向,从山坡上滚下。屡攻屡败,鬼子指挥官恼羞成怒,飞机和大炮又打过来,敌人倾巢而出,全面攻击,焦土碎石横飞。在猛烈炮火掩护下,70个左右日、伪军一齐向大岙岗冲锋,黑压压的敌人蜂拥而来。到了相距几十米时,海防大队第1中队阵地上的指挥员一声令下:"打!"全体战士用机枪、步

---

① 见《岱山文史资料》第一辑中《血战大鱼山》一文,林通屿编,1986年版。
② 韩永康回忆,见"我也亲历了大鱼山战斗——龙山抗日老战士韩永康回忆大鱼山悲壮之战"一文,刊于《慈溪日报》2005年8月19日。
③ 李金根回忆,见《壮士血战大鱼山》一文中有"敌人下船时我看得清清楚楚,他们从大军舰上放下小舢板,跟在炮艇后面,像浮头鱼一样朝我们划过来。这时,敌人飞机呼啸着俯冲扫射,军舰上的大炮也猛轰,炸弹碎片到处在飞。"这样的描述,刊于《宁波晚报》2005年8月15日。

枪、土炮、手榴弹一齐开火，打得敌军弃枪丢盔。当北路的敌人冲击大岙岗之际，从南路进剿的敌人由另一个密探带着，也向大岙岗发起冲击。海防大队第1中队坚守在大岙岗阵地上的指战员们在副大队长陈铁康和中队长程克明带领下分头迎敌、顽强抗击，"冲啊！杀啊！"的助战声持续地在山冈上回响，机枪、步枪、手榴弹一起开火，这样打退了敌人的3次冲锋，始终牢牢地控制着大岙岗阵地。

　　大岙岗、打旗岗两个阵地抗击敌人的顽强战斗给了守卫在湖庄头上的一班战士以极大的鼓舞，战士们纷纷要求出击，连船老大也要求上山参战。时已午后，敌人在山下喘息，敌机已经离去，但敌舰还在炮击，炮声震耳欲聋。经过4小时激战，战士们的衣服都已撕破，满身烟尘，有些战士的身上还染有发黑的血迹。战斗间歇后，他们顾不上伤痛、疲惫和饥渴，抓紧整修工事准备粉碎敌人的再次进攻。由于敌众我寡，好多战士已经负伤，弹药大都消耗。下午，敌人改变战术，集中兵力攻打打旗岗阵地。到底寡不敌众，打旗岗和湖庄头阵地先后被敌人占领，大岙岗阵地也是岌岌可危。由于敌人的多次冲击，严洪珠和一些战士已经负伤，当子弹快耗尽时，他一面爬动着身子从伤员身上解下弹带，把剩下的子弹给大家补充，一面领着大家高唱《繁昌之战》，以激励战士们的斗志，他还告诫同志们说："今天敌人力量强，我们要做一个光荣的革命者，不做俘虏，不缴枪，要留最后一颗子弹做自殉的准备，为革命流尽最后一滴血！"在击退敌人一次又一次的进攻之后，已是弹尽援绝之时，严洪珠点燃烟火、焚毁了携带在身上的各式文件。战士们要严洪珠往后山撤退，他厉声拒绝，然后忍着极大的伤痛死死地狙击敌人，掩护战友们撤离。当一群敌人冲到他身边时，严洪珠纵身跃上巨石，用枪膛里剩下的一颗子弹壮烈殉国！

　　打旗岗阵地失守后，大岙岗阵地完全陷入了敌人的火力包围。这个山冈一直是南北两路敌人的主攻阵地，但敌人的多次夹击都被打垮，敌人死伤惨重，恼羞成怒，用最凶猛的炮火轰击山头，还采取南北合围，四面麇集，步步为营，拉网攻击的办法，向海防大队一中队阵地紧逼。这时子弹、手榴弹都快打光了，指战员们"把枪砸断，把零件扔下山崖，用树棍撬石头，用石头砸敌人。敌人冲上来，我们就冲上去拼刺刀，用枪托砸，抱敌人一块摔悬崖……"① 机枪手施铁山在子弹打尽且身中数弹情况下，沉着地把机枪的梢子拆下，枪栓扯去，将零件都扔向山野，并跳出掩体手舞枪托与敌人厮打。由于寡不敌众，施铁山和两名战友在血泊中倒下。凶残的敌人用刺刀在他们的尸体上猛戳乱捅，遗体上血肉模糊。激烈的战斗从上午8时开始一直持续到下午3时，终因敌我力量悬殊，敌人凭借兵力和装备的优势占领了各个山冈。我军阵地全部失陷，韩永康等一部分指战员在阵地失守前冲出了重围，隐蔽进了岩洞②；李金根与30多名身负重伤的战士不幸被俘。

　　敌人把他们困在小西洋村的山坡上进行威逼恫吓，2个年轻的战士被敌人当众枪杀，其余被俘的同志被缚上敌舰，驶至练柱洋。鬼子用背包带把我军指战员的双手捆

---

① 李金根回忆，见《壮士血战大鱼山》一文，刊于《宁波晚报》2005年8月15日。
② 韩永康回忆，见"我也亲历了大鱼山战斗——龙山抗日老战士韩永康回忆大鱼山悲壮之战"一文，刊于《慈溪日报》2005年8月19日。

第三章
岱山县军事旅游资源状况

起来,先押到小艇上,然后又上了军舰,分列站在船舷边。甲板上横着很多鬼子的尸体,用布盖着。临危不惧的指战员们唱起打鬼子的歌,恼羞成怒的鬼子对32名指战员进行残酷的屠杀。战士李金根趁敌不备,机智地磨松了绳索,跳入大海潜入水中,敌人开枪射击,左臂被击中。当时天色已暗,看不清海面情况的鬼子乱射一阵后驶船离开。水性好的李金根漂到岙口,被一个渔民救起。渔民把他藏在山洞里,还请土郎中给他包扎了伤口。但紧跟着李金根跳海的另2名战士都被敌人的机枪射死,舰上其余被俘的指战员均遭惨杀,他们在就义时高唱《义勇军进行曲》,以示不屈。

敌人撤离后时近黄昏,隐蔽在湖庄头伪装成渔船上的一班5名战士,在事务长沈长文和班长孙民权带领下奔上山冈,打扫了战场,和群众一起埋葬了烈士的遗体,找到了陆林生等10多名伤员及10多支步枪和小西洋群众夏杏花掩护起来的2名战士。当他们起锚扬帆时,汉奸张阿龙带着几名顽匪鸣枪追赶,我军战士们用火力还击,于当晚安全回到了慈溪古窑浦。

这天晚上,跳海泅渡的李金根、负伤突围的张小弟和跳崖脱险的10余名战士得到了大鱼山岛的贫苦渔民王阿昌、何宽信等的救护,给他们洗干血迹,换上衣服,喂以茶水饭菜。于8月26日驾专船把他们送到了大队部的驻地。李金根这时才知道,另外33位战友也找到了,跟他一起跳海的两位战士当时身中多弹牺牲了,连同被日军抓去杀害的战友,共42名战士及渔民群众永远倒在这片海疆上。几天后,大鱼山岛群众又冒着风险,把战斗中失散由群众掩护起来的几个伤员和散失的一箱军用物品、一挺机枪架子,用专船送到古窑浦。排长陆贤章从阵地上撤下后,隐蔽在山洞里,后来他带着拆散的机枪零件在群众的掩护下也回到了大队部,大队部又交给他一个新的任务,由他带领两班战士重返大鱼山,他们慰问群众并又一次打扫了战场,还严词警告闻声逃匿的汉奸张阿龙。当陆贤章等离开大鱼山时,大鱼山人民依依不舍,含泪送别。

至此,先后归队的27名战士、班长、排长带回了机枪、土炮和数十支步枪,还有些船员也把船只驶回了。他们向大队部详细汇报了大鱼山战斗的经过和烈士名单。(烈士名单附后)。当韩永康他们背着伤员回到古窑浦,大队长张大鹏听了他们的哭诉后,什么话都没有说,沉默许久趴到桌子上失声痛哭[①]。

海防大队第1中队指战员们在大鱼山抗击了多达8倍于我、武器精良的日伪军的联合进攻,全体指战员顽强战斗,英勇杀敌,浴血苦战7小时,击毙击伤日伪军80余人,终因敌我力量悬殊,致使战斗失利,37位同志壮烈牺牲。然而,这一战斗沉重地打击了日寇,表现了中国人民誓死捍卫祖国神圣领土领海的英雄气概。事后新华通讯社发了战报,新华广播电台向全世界广播,1944年10月11日的延安《解放日报》头版刊载新华通讯社专电报道了新四军血战大鱼山的事迹,新四军浙东纵队政治部《新浙东报》著文表彰,浙东战斗报社还出版了《血战大鱼岛》的连环画。

---

① 韩永康回忆,见"我也亲历了大鱼山战斗——龙山抗日老战士韩永康回忆大鱼山悲壮之战"一文,刊于《慈溪日报》2005年8月19日。

附：大鱼山战斗中壮烈牺牲的海防大队指战员名单（37 名）

严洪珠	杨阿根	孙志达	孙 岳	施海明	王克全	张中发	毛火根
谢林根	朱大钧	胡魁生	张阿毛	施铁山	徐 明	沈正根	毛渭龙
潘水晶	吴有瑞	王可生	陆正发	徐阿发	杨留园	巴文海	程克明
倪下国	杨梅林	陈美然	徐一宏	邬银生	赵木生	赵海根	陈铁康
施瑞良	王齐木	蔡阿宝	庄阿才	张友根

第五节　地下革命战争：隐蔽在国民党番号下的武装力量

1946 年春天，国民党政府正准备发动全面内战的时候，我浙东地下党在岱山通过长期的积极准备和努力，建立了一支隐蔽在国民党番号下的武装力量——定海县警察局保安警察第二中队（简称"保二"）。从此，它像一把尖刀，直插敌人内部，控制着岱山地区，为保护地下党机关的安全，掩护党的地下活动，维护海上交通线，牵制敌人力量，策应和支援我东海游击总队和舟山群岛游击支队（以下分别简称"东总"和"舟支"）的活动，支援岱山人民抗粮、抗税、抗丁斗争，做出了重要贡献。

一、寺庙、小学、杂货店内的地下党活动

20 世纪 40 年代，岱山的地下党活动，岱西以植新小学为据点，岱东以设立于岱西与东沙的接界处念母岙费家的"美丰杂货店"为据点。东沙的报恩寺，也曾是联络点之一。而掩护中共地下工作的任务，落在"保二"身上。

20 世纪 30 年代的东沙，是喧嚣的渔业重镇。1933 年，上海《申报》曾登过一则消息说："东沙角一隅，居民三千，大小店铺四百余号，其商业密度实为罕见。"从中可见当年东沙商贸之发达。当时的"美丰杂货店"，门庭若市，生意红火。岱山特派员詹步行独具慧眼，在"美丰杂货店"设立了地下党领导机关，着手开辟岱山地区的工作，建立了宫门盐民支部，组建了三东工委建制。1948 年 1 月，浙东临委决定将三东工委改组为东海工委，詹步行任东海工委书记，机关还设在"美丰杂货店"内。直到 1948 年 10 月，"保二"中队暴露，詹步行被迫撤离岱山，设在"美丰杂货店"的机关才被撤销。

植新小学初建阶段，正值抗日战争进入最艰苦的时期。据 1943 年到岱山任中共岱衢区特派员的余力行回忆，那时王家恒同志除从事党所赋予的特定任务之外，用很大精力创建"植新"和"怀慈"两所小学，组建了"岱山教育推进会"，先后在其他乡村办起 20 多所抗日敌后小学，向敌人的"奴化"教育作斗争。抗日战争和解放战争时期，植新小学是中共岱山地下组织开展革命斗争的阵地，先后有翁芝英、陆溪影、柯昭辉、鲍望翰、周瑞清等一批中共党员与革命工作者，以该校教员身份作掩护，在岱山开展革命活动；同时学校也是中共岱衢区特派员的工作基地，岱山第一支抗日游击

中共东海工委革命史迹展展板

队——陈康清分队,就是以此为基地对该队实施领导的。

现今,东沙古镇上,"美丰杂货店"所在的两间平房成了东海工委旧址,旧址里设立成陈列室。岱西植新小学已易址,原址荒废,小学内的陈列室搬迁至新址,一些碑刻留在原处,损坏严重。报恩寺内,建立了"保二"中队革命斗争纪念馆。

二、岱山"保二"中队组建、演变的历史过程[①]

"保二"中队的前身是抗日时期国民党定海县抗日自卫团第3大队第3中队。

1937年卢沟桥"七七"事变后,日军发动了全面的侵华战争。1939年5月,舟山各岛被日军占领,满目疮痍,哀鸿遍野。为了抗击日本帝国主义的侵略,1939年9月,中共定海县工委书记张启达来到岱山,带来了浙东工委的指示和决定:"派遣正在岱山

---

① 本部分内容根据王鲁撰写的《岱山"保二"纪实》编写。

图书馆分馆以教书为名搞抗日救亡工作的地下党员王家恒打入到国民党定海县抗日自卫团第 3 大队内部工作，争取、改造这支队伍，使它成为我党领导、控制下的一支抗日武装"。

王家恒以国民党定海县县长兼团长苏本善的名义，被派到第 3 大队任指导员。王家恒到 3 大队工作后便对大队长钟福林和第 1 中队中队长夏继林进行考察，通过较长时间的考察认为钟福林能力较弱，而夏继林秉性耿直，富有正义感，而且能力较强，部队管理较好。夏继林带领的部队在桥头、沙洋等几次战斗中曾重创日军，并枪杀了汉奸，使日军闻风丧胆。他决定首先从争取夏继林工作做起。1940 年，由于钟福林无力统率大队，王家恒推荐夏继林接任了第 3 大队少校队长，并帮助他学习文化，使他从不会写字到能签名，批发文件和写便条，同时经常向他宣传团结一致进行抗日的伟大意义，使他在政治上逐步提高认识。

1942 年，日军再次在岱山进行疯狂的扫荡，第 3 大队辗转各岛，后奉命调往镇海瑞岩寺集训。此时，国民党省政府将定海国民兵团改编为浙江省暂编保安总队第 3 大队。不久部队奉命开赴抗日前线，转战奉化等地。经过几次战斗，部队被打散。王家恒等人先返回镇海，并立即找到了地下党组织，向浙东工委组织部长，"三东"地委副书记王起汇报了部队的情况。王起指示要继续搞武装。不久夏继林也来到了镇海，王家恒不断地对他进行争取工作，晓以革命大义，使他初步懂得了革命的道理。在王家恒的提议下，夏继林和王家恒又共同组建了一个新的第 3 大队。

1943 年，原 3 大队 3 中队队长在高亭遭日军袭击阵亡，王家恒兼任了这个中队的中队长职务，并从岱中、岱西吸收了一批贫苦渔、盐民和基本群众补充到 3 中队，进一步改善了部队的成分。为了改造这支部队，提高部队的政治素质，上级地下党组织又安排从上饶集中营越狱和赤石暴动出来的新四军干部"冯岩夫、毛维青、阮世炯"①3 人来到 3 中队，分别担任指导员、文化教员和政治教员，协助王家恒通过整训，控制和改造这支队伍，以配合浙东纵队向南发展过来时里应外合。冯岩夫还特意编写了一本"新民主主义教育大纲"，阐述抗日救国道理，教育士兵要爱国家，爱民族，爱同胞，抗日救亡，保家卫国，杀汉奸，除奸商等。同时，他们还把新四军一套政治思想、军事纪律、民主作风逐步地灌输到这支部队。这支部队的变化也引起了部队内部非党官兵和一些地方人士的注意，总觉得这支部队与众不同，官兵平等，纪律严明。

1945 年 8 月日军投降后，浙东抗日根据地的新四军奉命北撤。已打入敌人内部的王家恒和其他地下党员，根据上级党关于"隐蔽精干，长期埋伏"的指示，利用各种合法手段，首先打击镇压了企图控制 3 大队的几个反动分子，巩固了地下党对 3 中队的控制，站稳了脚跟。接着，王家恒又利用竞选的合法活动，兼任了岱衢区区长、区党部书记和三青团队长的职务，控制了国民党岱衢区党、政大权。

1946 年 3 月，国民党定海县政府整编原抗日自卫团，建立定海县警察局保安警察中队，岱山的第 3 大队被改编为保安警察第 2 中队。王家恒利用国民党岱衢区党政地

---

① 冯岩夫现是浙江大学离休干部，毛维青现为杭州外事办离休干部，阮世炯现为同济大学离休干部。

位和职务,取得了中队长职务和整编权,随后对3大队人员逐个进行筛选,并以原3中队为基础,建立了岱山"保二"中队。上级地下党,又相继派地下党员何明(又名赵祥)、孔维、陈文华等到保二中队进行隐蔽的斗争。从此,地下党有了"保二"这支隐蔽在国民党番号下的革命武装力量。

"保二"中队从1946年3月建立到1947年底,全中队有170余人。王家恒任中队长,下设3个分队:岱山本岛1个分队,分队长刘敬痒;长涂1个分队,分队长王宝根;大衢1个分队,分队长李明。除王家恒之外,其他人均不是党员。当时在"保二"工作的5个党员没有建立组织,由东海工委书记詹步行直接领导。1948年初,为了把该部队拉出去打游击,党组织又先后派何明(任指导员)、陈文华(军事干部,任大衢分队长)、沈千章(任大衢分队军需)、姚锦(原名姚生、任大衢分队班长)、徐寿汉(报务员)等5名党员去该部工作,在中队部和大衢分队中分别建立了2个党支部。

三、"保二"中队的地下活动及贡献

"保二"中队及其前身第3大队3中队的任务,是掩护党的地下活动。其主要活动和具体贡献体现在:

其一,以岱山教育推进委员会的名义兴办学校开展地下活动。在第3大队3中队时期,"保二"就以岱山教育推进委员会的名义,兴办了30多所学校,安排从内地转移到岱山的党员担任教师,把多所学校变成革命活动的据点。中共岱衢区特派员余力行等除了白天给学生上课外,还积极开办夜校和识字班,让青壮年盐民和妇女读书识字,并用"一只筷子易折断、一束筷子折不断"等通俗道理宣传"团结起来,一致抗日"的革命思想。同时,他们还利用夜间和假日,广泛接触社会各界人士,宣传共产党的抗日主张,建立和扩大党的统一战线。在余力行等人的影响下,一批进步青年积极靠拢党组织,带头参加抗日救亡活动。

其二,组建抗日武装小分队。1944年1月,时任中共定海县特派员的詹步行和余力行在植新小学研究抗日工作时,决定在岱山组织一支由中共直接掌握的抗日武装小分队。在征得吕炳奎和王家恒同志同意后,于当年8月从王家恒的县抗日3大队3中队中抽调部分人员,组建了一支由詹步行直接领导,余力行具体负责的抗日小分队。小分队的队长为陈康清,党代表为王阿月,队员有30多人,大部分是岱西、泥峙的贫苦盐民。他们以岱西植新小学与青黑村为基地,活动于整个岱山岛。在近一年半时间里,小分队多次袭击日伪军,先后缴获日伪军步枪22支、手枪3支、轻机枪1挺、子弹千发,袭击日军汽艇1艘,处死日伪汉奸3名,有力打击了日伪军的嚣张气焰,并由此创建了岱西、泥峙抗日游击根据地。

1944年春,当时任定海特派员的詹步行和余力行研究如何开展岱山地下斗争工作,决定用王家恒的"定海国民兵团第三大队"一个分队的名义,在岱山组织由我党直接掌握的抗日武装小分队。计划确定后,征得王家恒的同意,并选派了3大队陈康清担任分队长。这支抗日小分队于1944年夏开始成立,由詹步行、余力行直接领导和指

挥。小分队摸日军岗哨,抓翻译,除汉奸英勇斗争,狠狠地打击了日军的嚣张气焰,极大地鼓舞了岱山人民抗日斗争的信心。

其三,担负中共东海工委机关安全保卫工作,多次掩护地下党活动。当时,中共东海工委机关设在岱西念母岙,以开"美丰"杂货店为掩护,距保二中队部只有2里地,一直由"保二"担负安全保卫工作,"工委"在岱山一直没被暴露。保二中队还多次掩护过地下党的活动。一次是浙东工委组织部长、三东地委副书记王起来岱山,被特务傅志行认出。不知情的傅志行跑到保二中队向王家恒报告,让他赶快抓人。王家恒一边应酬,一边赶紧派人将王起转移,同时假装同傅志行一起去抓人,结果扑了个空。1947年初,中共浙东工委成立,开始全面开展游击战争,创立革命根据地。此后,地下党相继建立了舟山群岛游击支队等公开武装,开展海上游击战争。"保二"积极策应和支持他们的斗争,提供弹药,传递情报,收容伤员。岱山盐警队队长、特务分子王海山,曾以县政府名义要保二中队去衢山围剿舟山群岛游击支队。"保二"便虚张声势,大张旗鼓地征用商船,故意传出风声,使舟山群岛游击支队得以安全转移。

其四,配合东海游击总队开展武装斗争。东海游击总队(简称"东总")的顺利迅速发展,同"保二"中队的支持与配合密不可分。1947年9月28日,浙东工委组织部长王起来到岱山,部署三东地区开展武装斗争的事宜。在岱山书院小学召集了一次由詹步行、王博平、姜立纲、汤德镂及其他有关同志参加的会议。王起在会上传达了工委关于岱山党组织由地下政治斗争转入公开的武装斗争的决定:将保二中队拉到天台山,改名东海游击总队(简称"东总"),由王家恒任总队长,实行"脚踏大陆,面向海洋"的方针。后经讨论,认为条件还不成熟,最后决定组织一个小型武工队,利用时机扩编为"岱山守备自卫大队"。武工队建立之后,一边在党群基础好的区域活动,一边开始寻找攻击目标,设法夺取武器,进一步扩大力量。1948年2月22日,武工队围打了镇海大石契镇警察所,缴获机枪1挺,步枪13支。根据新的情况,王家恒再次从"保二"中队抽调了一批武器、弹药,其中1挺捷克式轻机枪。这支已发展到30余人的革命武装,由于"保二"中队继续支持,暗中密切配合,在斗争中得以迅速发展,并根据党组织原来的决定,打出了"东总"的旗号,由江之铭任副总队长,王起任政治委员,王博平任政治处主任,余力行任政治处副主任。

1948年1月,中共东海工委成立。2月,浙东临委规定"保二"新的任务:"保证苏北解放区与浙东根据地的海上交通运输的安全;策应东海游击总队南进台(州)属地区的行动,进一步做好拉出去的准备工作"。1948年6月间,"舟山支队"和"东总"在海上频频活动,狠狠地打击了敌人,引起国民党的恐慌。1948年8月,国民党陆军头目汤恩伯、海军司令桂永清等派重兵围攻"东总","东总"在六横遭到重大损失,"保二"也受牵连。据说,汤恩伯曾向蒋介石告状,说"东海匪气弥漫,是因为海军纵匪"。蒋介石大骂桂永清,要他亲自到舟山围剿。桂永清为此对汤恩伯深怀不满。"保二"属陆军建制,桂永清就以"保二""通匪""资匪"的罪名予以围剿。9月22日始,"保二"成员陆续被捕,与参加过六横战斗的东海游击总队部分被俘的战友200多人一起关押于"中坚"号军舰。"保二"的同志先是押到甲板上是作为"剿匪"的成果进行展览,后用囚车押解到国民党海军监狱监禁。在这次事件中,王家恒等17人(其中党员4人)被逮捕,其余战士均被国民党拉至武汉编散。1948年12月底,淮海战役接近尾声,平津战役刚刚打响,国民党急于南逃,对"在押犯"做了迅速处理。出狱后的17名"保二"同志,一部分在王家恒的带领下上了四明山,开展武装斗争,另一部分同志又潜回岱山坚持地下斗争。

1949年2月,正值解放军百万大军渡江作战的前夕,王家恒指示姜立纲等留在岱山进行地下斗争的同志,对敌军开展积极的策反工作,争取早日解放舟山群岛。这次策反工作,牺牲了许多地下党员和"保二"的革命同志,没有取得成功,付出了血的代价。但是在敌军如麻的岱山,对于进一步瓦解敌人士气,激励人民的斗志起了一定的作用。

第六节 抗倭抗殖民斗争:道光年间的水勇义举

岱山有个地方叫"火烧浦",该地名一直由道光年间(1821—1851年)沿用至今。据史料记载,该地原叫"销货铺",因被英军烧毁,熊熊大火来势凶猛,便改为"火烧浦"。

一、郑鼎臣率领水勇攻打英军

"义勇冢"里的勇士,原是道光年间殉难定海的处州(丽水)总兵郑国鸿之子郑鼎臣率领攻打英军的水勇。"义勇冢",是这些水勇的合葬墓。

据《岱山镇志·古迹》记载:"道光二十二年壬寅,英人据定海,扬威将军奕经遣批验大使郑鼎臣督江南沙民攻定海,自祚浦出洋,泊舟丁岱,遇敌船,欲以火攻克之,离远放火,反风自尽,人船俱覆。英兵遂登岸,焚东丘宫。事后,土人将遗骸埋葬于此山上。"当年,当地百姓收清兵尸体合葬于此山,名为"义勇冢"。今天,"义勇冢"的碑名已难以辨认,但是在这个小山包上,现在还能见到不少散乱的骸骨。

《岱山镇志·古迹》记载的"义勇冢"的来历大致是这样的:1840年(道光二十年)6月,英军侵略者悍然挑起了侵略我国的鸦片战争。7月2日,英侵华军舰26艘,载着英皇家18团、来福枪队和马德拉斯炮兵团共约3 000士兵进犯定海①。定海军民在总兵张朝发、知县姚怀祥率领下奋起抵抗。7月6日,英军侵占定海县城,知县姚怀祥投梵宫池殉难。7月7日,岑港巡检赵廷昭率村民渡海来到岱山,组织岱山人民举办民团。岱山人民公推泥峙乡绅邬兆权为团董,进行练兵,以抵御英国侵略者的来犯。

道光朝《筹办夷务始末》曾如此记载"……而我岑港巡检赵廷昭,仍在该处讯地之岱山,督率乡民,团结固守,并未迁回内地,夷人至今不能夺据。"② 关于邬兆权其

---

① 陶和平,沈伯勤:《英军侵扰岱山及岱山的抗英斗争》,刊于《岱山文史资料》第3辑,中国文史出版社,1988年。

② 道光朝《筹办夷务始末》卷41第23页。

人及被公推为抗英民团团董,《岱山镇志·乡贤传》有以下一段记载:"邬兆权,字莹亭,号弋仙,居岱山泥峙岙……咸丰元年,辛亥恩贡生,与方炳泰等创造蓬山书院,竭意经营,不遗余力,旋公推为书院掌教……英人陷定海,岱举办民团,公请兆权主共事……"

1841年(道光二十一年)9月26日。英军再犯定海。定海军民与英国侵略者血战5昼夜,镇守定海的三总兵葛云飞、王锡朋、郑国鸿与5 000清兵战死沙场。10月1日,英军再次占领定海。继而又攻占了镇海、宁波。

浙江连失3城的消息,使道光帝甚为惊恐。10月18日,道光帝任皇侄奕经为扬威将军,调内地数省军队,前往浙江应战。1842年2月10日(道光二十一年腊月廿九日),奕经在杭州过年,曾至吴山关帝庙求签,签语有"虎头人"之句。当年,"壬寅"正是虎年,奕经认为虎可以吃羊(洋人),于是制定了所谓"五虎制羊"的作战计划,决定于寅年、寅月、寅日、寅时,即道光二十二年正月廿九日(即1842年3月10日凌晨)出兵,再找到一个肖虎的安义镇总兵段永福为前军大将,以收复3城①。其具体部署为:由奕经率兵3 000人,驻绍兴之东关,作总策应;段永福、余步云率兵4 000人攻打宁波;朱贵、刘天宝率兵2 000人进攻镇海;王用宾率兵3 000人驻乍浦,由殉难定海的处州(丽水)总兵郑国鸿之子郑鼎臣为先锋,率兵2 000人,先行在乍浦雇船潜渡至岱山,以图定海②。

二、岱山"火烧浦"的由来

清兵先潜渡至岱山的目的,是为了同其他两路兵马在1842年3月10日凌晨四更同时举兵反攻3城。然而,当时2 000士兵从乍浦渡海来岱山,却遇到了很多意想不到的困难,以至未能实现预期计划。因为那些招募的水勇多是崇明、川沙,海门、金山人,对浙江的洋面情况并不熟悉。正月二十二日(3月3日),清兵始由乍浦出发,3天时间,有五六百水勇渡海潜伏在岱山各个港口要隘。这些临时招募来的水勇没有经过训练,作战能力极差。而在定海的英军事先又发现了清兵潜渡岱山的行动,于正月廿六日(3月7日)派武装汽船"复仇神"号驶来岱山洋面,企图攻打还未在岱山站稳脚跟的清军。清兵见敌船前来,就采用火攻,想用火筏烧毁英舰,可是火筏点火时离敌船太远,又因风向突然逆转,反而把自己的船烧毁了。

据《岱山镇志·乡贤传》记载,1842年3月8日晨5时,英军放舢板4艘,运兵60余名登上岱山岛,一路烧杀,清兵为英军所败,死伤50多人,饷银2 000元也被英军夺去。英军从南浦登陆后,一路烧杀。先到大岐的销货铺,枪杀一场后就放火烧掉了整个村子。据当地百姓说,该地因被英军烧毁,后就把"销货铺"改为"火烧浦"。接着,英军又杀到司基,放火烧毁了作为岑港巡检司署的东岳宫。最后,英军又进犯

---

① 《新编浙江百年大事记》第9页。
② 《浙江百年大事记》载:"郑鼎臣率水勇二千,渡海进攻定海。"

泥峙，烧掉岱山抗英民团团董邬兆权家。邬兆权只身出逃，幸免于难。

清军由岱山攻打定海的计划失败后，进攻宁波和镇海的两路计划相继也告失败。奕经便命令郑鼎臣撤退。郑鼎臣积国仇家恨于心，不肯听命，或驻扎岱山，或驻扎大嵩山，来往巡逻，伺机进攻。至三月初四（4月14日），郑鼎臣督率水勇，黄昏乘战船由梅山港出发，次日上午11时左右冲入定海道头港，围攻停泊该处的3只英军战船。郑鼎臣则亲督火筏，从小五奎山和大五奎山之间的水道逼近，进攻正在修理的"复仇神"号，结果共烧毁英舰4艘，舢板20余艘，焚溺英兵近400人。虽然其间奕经一再下令停止袭击英人，可郑鼎臣仍以岱山等地为据点，再次于1842年5月中旬，闯进定海港"火烧英船数只，使英军溺死多人。"①

第七节　岱山军事旅游资源开发现状及不足

一、军事文化景观从形式与内容上都过于单薄，美誉度低，军事文化影响力小

岱山的许多军事旅游景点以小型陈列室为主，陈列内容多为图片，实物较少，也没有视频等现代化设备，更不用提声、光、电等现代化自控技术的应用。

岱山作为军事战略重镇，但尚未打造出颇具吸引力的军事旅游品牌，许多发生过重大军事事件的历史场所，最终的佐证是几张图片，几件实物，数量与规模都极小。

展厅播出的视频内容可以让游客在参观军事文化景观前，对该景观承载的历史故事、历史人物、军事意义有大致的了解。声、光、电等现代化自控技术的应用，能艺术化地再现重大军事历史的发展历程。这些现代化技术的应用是提升景观品味的有效手段之一。现国内许多军事纪念馆，如西路军纪念馆，都有视频，并运用了声、光、电等现代化自控技术，再现西路军的悲壮历史。而岱山的军事文化景观，远没达到这样的发展水平。

二、旅游项目品种单一，吸引游客不足

军事设施遗址作为一种客观存在的地理景观，不少以原址原貌吸引顾客的观光欲望。而这些军事设施遗址往往缺乏美感，要吸引爱好观光的顾客，需要人文景观的相辅相成，或开展军事体验吸引游客。而岱山军事旅游景点的旅游项目都很单一，根本满足不了游客悦目、娱乐、增知、益智等多元化需求。目前，体验式旅游项目只限于在中国海防博物馆开展。此外，岱山还尚未开发出军事特色旅游纪念品。

体验式旅游项目是旅游发展的新趋势。北京新建的军事主题公园，分中华军事文

---

① 《浙江百年大事记》第13页。

明广场、军事主题乐园、国防教育训练园、军事文化创意产业园和军事文化论坛 5 个主题区域，占地约 3 200 亩。其体验式旅游项目最为集中的国防教育训练园也是最为吸引人的主题区域，它由大型兵器展示园、军事体验园、军事生活训练园组成。游客可以在这里体验野外实战装备、实装驾驶体验坦克、步战车、伞兵突击车、气垫船、冲锋舟，模拟操作舰船、战机、导弹等。游客还可以开展实兵模拟对抗，甚至心理战环境体验，参加航空航天失重体验项目，一尝"遨游"太空的快乐。岱山，有绝佳的海岛地理、丛林条件开展体验式军事旅游项目，吸引游客。军事特色旅游纪念品开发，更是空白点。

三、景点分散，难以形成规模效应

岱山的军事旅游点，位于县城中心高亭镇的少之又少，都零散分布于乡村、山冈及偏远小岛上，而岛际交通又极为不便。本身景点规模就小，又各自为政，旅游吸引力自然不足。此外，各个景点之间即使距离很近也没有相互关联，如岱西的岱山机场与东岳宫，车程就四五分钟，完全可以一起加以开发。

四、交通不便，宣传不到位

交通不便是旅游景点开发的瓶颈，即使是佛门净地，交通便利的寺庙香客盈门、游人如织，交通不便利的便难有这样的胜景。同为军事旅游景点，交通便利的甘肃嘉峪关已被列入 AAAAA 级旅游区，交通不便利的河南函谷关一个月接不到一个旅游团。岱山的军事旅游景点大多位处偏僻，而岱山岛际交通极为不便，公交车线路少，时间间隔长，搭乘计程车也极不方便，回程往往叫不到车。如到大鱼山，要乘坐小渡轮前往，风高浪急，小渡轮班次本身就少，受天气影响常取消航班，去一趟极不方便。交通不便大大削弱了岱山军事文化景点的旅游吸引力。

五、不少景观破坏相当严重，急需保护

岱山许多极具军事历史价值的遗址尚无人看管与保护，如岱山机场曾一度荒废，机场入口处，一地待干的鱼鲞、成排待干的青砖，还有横七竖八的碎砖与烂泥，一片农场景象。再往里，硕大的机场水泥地面是两个汽车驾驶学校的培训基地；防空洞入口处被封死，外墙"铁将军把门"，一把大锁锈迹斑斑。这个极具军事史料价值与军事旅游价值的国防基地，研究国军撤退舟山时重要战事的活标本，近期才恢复为军用机场；岱山抗日斗争地下联络站所在地岱西植新小学整体搬迁，学校原址现荒废闲置，许多有价值的碑刻、联络站原址等处于荒废、破损状态。若哪天开发商来了，这些碑刻顷刻间便是碎石一堆；位于报恩寺内的"保二"中队革命斗争纪念馆没有专门的工作人员，已多年未对外开放。笔者当时费了九牛二虎之力找到那纪念馆时，发现纪念

第三章
岱山县军事旅游资源状况

馆的门锁锈迹斑斑,管理员竟不知里面是个纪念馆,纪念馆里的照明设备俱已损坏,一些实物蒙了厚厚的尘土,可见已许久没游客进去参观。

物质地理景观单调乏味,文化地理景观缺少内涵提炼,是岱山军事旅游景点的弊端所在,其旅游开发只限于最原始的初级阶段。岱山军事旅游开发建设尚缺乏一个高水平的总体规划,规模小,内容单薄,品牌效应非常不明显。

第四章
嵊泗列岛军事旅游资源状况

嵊泗列岛属于东海前沿，据《史记》和《水经注》记载，上古时代就有人居住。公元前221年，秦统一六国时，嵊泗地属会稽郡贸县。嵊泗列岛不仅自然风光秀丽，而且人文景观丰富，渔岛风景浓郁，被誉为"南方北戴河"、"海上仙山"。这里拥有鉴真东渡扶桑曾滞留过的大悲山遗址，明朝将领侯继高笔下的"山海奇观"摩崖石刻，远东第一大灯塔——花鸟灯塔的奇观，以及郑和下西洋、郑成功反攻南京都经过此地。诚如"忽闻海上有仙山，山在虚无缥缈间"。

嵊泗位于舟山群岛北部，长江口和杭州湾汇合处，全县陆海总面积达8 827平方千米，其中陆域与岛屿面积67.95平方千米，滩涂地面积18.27平方千米，海岸线长达380余千米。面积500平方米以上的岛屿共有394个，其中18个大岛有人居住。另有面积不到500平方米的岩礁千余块。诸岛地质条件相似，岩层以花岗岩为主。水色东西有明显区别，一般以20米等深线为界，等深线以西海域水色混浊呈黄色，以东海域水色澄清呈碧蓝色。嵊泗县一年四季有雾出现，春夏多于秋冬，年平均雾日为55天，绝大多数为平流雾，能见度最差时小于30米。8级以上大风，年均为145天，年平均风速7.2米/秒，风能资源极其丰富。

嵊泗的海洋资源得天独厚，海洋生物丰富，鱼类、贝类和经济藻类资源蕴含量和生产量居全国首位。旅游资源丰富，风光旖旎，碧海奇礁、金沙渔火、绚丽迷人，风景优美，1988年被定为国家级风景名胜区，有"南方北戴河"之称，是全国唯一的国家级列岛风景名胜区。嵊泗把滨海旅游业作为兴海强县的重要内容来抓，积极开发休闲渔业、生态旅游项目，发展景观房产、海洋休闲度假，丰富旅游内涵，以壮大海洋旅游经济实力。随着洋山港区的建成和投入使用，嵊泗的海洋旅游将迎来更大的发展空间。

过去，游客到嵊泗一是游泳，二是吃海鲜，往往是夏天旅游旺季时宾馆饭店爆满，一到秋冬季则游客稀少。近年来，嵊泗先后推出了海钓、海上捕鱼等特色旅游项目，使游客一年四季都有得看、有得玩。嵊泗推出了"当一天东海打鱼人"旅游项目，渔老大手把手地教游客出海捕鱼捕蟹，讲述渔家风俗和海上生产知识。活动一推出，就

受到游客的普遍欢迎。嵊泗还通过举办国际海钓节、全国沙滩排球赛、航海大赛以及"贻贝节"、"赶潮节""神灯庙会"等活动,以赛促旅。

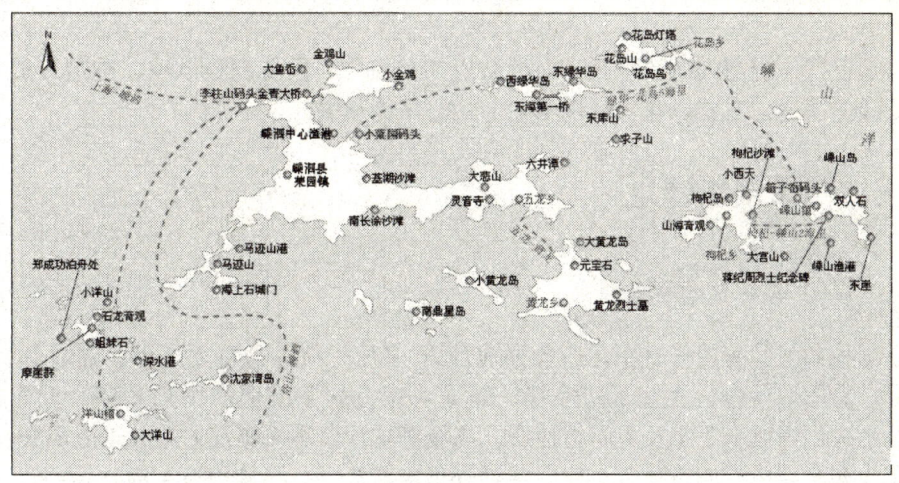

嵊泗旅游图

第一节 嵊泗列岛军事遗迹概况

嵊泗列岛以"碧海奇礁、金沙渔火"的海岛风光著称,除沙滩、海礁、奇洞、险峰、悬崖等景观外,还有大量的军事遗迹散落于各岛中,主要以石刻、灯塔、日军火炮台遗址、日军鱼雷洞遗址、坑道、碉堡等。

一、抗倭名将的石刻遗迹

自明朝末期抗倭以来,嵊泗是抗倭主战场之一,千里海疆,留下了爱国军民可歌可泣的英雄史迹和不朽的诗章,从而为嵊泗列岛优美的自然景区,添加了具有强烈的海岛特色的护渔抗倭的历史光环。抗倭名将唐顺之、任环、俞大猷、卢镗等一批爱国将领在人民抗倭斗争的推动下,胸怀报国壮志,在抗倭主战场上谱写了一曲曲英雄诗章,也为嵊泗列岛增添了许多令人瞩目的人文景观。石刻遗迹,是嵊泗海岛古军事遗迹的重要组成部分,至今已发现的明清两代摩崖石刻和题记近20处,且大多数是明代抗倭将领巡海督汛时登岛所题刻。在嵊泗海岛,迄今发现的历史最早的石刻,是明嘉靖三十二年(1553年夏),抗倭将领李楷,在小洋岛观音山峭壁所题的"倚剑"。而最有名的石刻是明万历十八年(1590年春),抗倭将领、都督侯继高在枸杞岛西里岗墩天生古石碑上所题刻的"山海奇观"题词及碑文。

二、灯塔遗迹

时至近代,嵊泗列岛留下了当时清政府闭关自守,饱受列强欺凌,被迫开放口岸,开通航线的遗迹,主要以花鸟灯塔与白节山灯塔为代表。

三、日军侵华遗址

(一)日军火炮台遗址

嵊泗各岛上共有侵华日军建造各种炮台20多座,有电力自动炮台、铜炮台、大小钢炮台,有的炮台旁边还挖了防空壕;黄龙乡南港村茶园岗墩山顶8座,五龙田岙、黄沙岙牛头山冈墩有3座及1间雷达所,高场湾坑沙套有4座及1座远望镜观察台,黄沙岙庄头和会城岙沙坑墩各有1座,黄沙外远山有2座,马迹山有4座。

(二)日军鱼雷洞遗址

日军曾在嵊泗列岛建筑鱼雷洞(自杀艇)基地11个,其中大、小黄沙4个,小田岙4个,有2个还是双连洞,马迹山、高场湾坑沙套3个。鱼雷洞都是钢筋水泥结构,洞长达30~70米,洞口呈半圆形,直径3米左右,高3米左右,主要藏放鱼雷及自杀艇。自杀艇长达5~6米,1.5米宽,1人操作即可,也可乘5~6人,船头安装鱼雷,自杀艇可直接开进鱼雷洞,这些洞曾藏放自杀艇58只。

(三)日军坑道遗址

日军在嵊泗列岛建造坑道及军用仓库38个,其中五龙乡大、小黄沙,田岙28个,马迹山2个,高场湾坑沙套等地8个。这些坑道仓库大多用钢筋混凝土建筑,其内藏放大量弹药、枪支。此外建造小型发电厂6个,以及指挥塔、探照灯、瞭望台等工事。

(四)"万人坑遗址"

五龙乡的"万人坑遗址",地处嵊泗县五龙乡的小田岙,占地面积约20平方米,又称"犯人坑",是日本侵略军侵占嵊泗列岛时埋葬中国劳工的地方。

"万人坑"是日本帝国主义侵略中国的罪证,是日本帝国主义欠下中国人民的又一笔血债,是一部那个年代中国的血泪史。前事不忘、后事之师,国家兴亡、匹夫有责,为教育后代,激励后人为祖国、家乡的繁荣富强而努力奋斗,中共嵊泗县委、县政府把"万人坑"命名为"爱国主义教育基地"。

四、嵊泗解放前后的军事遗迹

这个时期的军事遗迹主要以防空洞、碉堡和坑道为主,在嵊泗列岛许多的岛屿均

第四章
嵊泗列岛军事旅游资源状况

有那个时期留下的遗迹,这些工事当初的主要作用是作为海防工事,据守着进出岛屿的海面,现大部分已经成为了遗迹,有些被民用,有些被建设所损害。因涉及军事内容,不作具体展开。

第二节 嵊泗列岛军事斗争历史与遗迹

一、解放嵊泗列岛

嵊泗列岛地处舟山群岛北部,当时隶属于江苏省管辖,横亘于中国长江口东南海面,控制着上海港对外出入的南航线。列岛包括花鸟山、嵊山、泗礁山、黄龙山等80余个大小岛屿,岛上盘踞着国民党游杂武装、特务、惯匪近千人。

与解放舟山本岛和周围岛屿不同,解放嵊泗列岛的部队是华东军区淞沪警备区第33军第98师。1950年5月17日,该师第293团的1个加强营在华东军区海军配合下率先解放滩浒山岛,并创下了登陆部队无一伤亡的佳绩。而且凑巧的是,这一天恰好与华东野战军第22军解放舟山本岛定海城为同一天。

1950年7月6日,第98师第293团和第294团1个加强营及该师战防炮、步炮各1个连,在华东军区海军一部和30艘渔轮的配合下,兵分3路,发起解放嵊泗列岛战役。第一路,由第293团团部率第1、第2营,加强战防炮、步兵炮6门,分乘5艘登陆艇及12艘渔轮,海军以两艘炮艇掩护,于7月7日4时,从黄浦江起航,经泗礁以北海面,向嵊山、枸杞之敌攻击。第二路,由第293团第3营、加强特务连及步兵炮1门,分乘2艘登陆舰及2艘渔轮,于7日4时尾随团主力跟进,攻占泗礁。第三路,由第294团第3营,加强步兵炮2门,25吨炮艇2艘,登陆艇5艘,渔轮2艘,于7日4时向大洋山发起攻击,首先肃清大、小戢山海面可能停泊流窜的敌船,而后展开对大、小洋山以东沈家湾攻击。华东军区海军之"瑞金""兴国"两炮舰,在先头航行,负责护航并以火力掩护对嵊山、枸杞两岛的登陆和对海面的警戒封锁。7日10时第294团第3营攻占大、小洋山。14时,第293团第3营登陆泗礁,未遇抵抗,歼敌自卫队百余人。15时,第293团主力营向嵊山、枸杞发起攻击,经激烈战斗后,于8日24时攻占两岛。至此,嵊泗列岛包括嵊山、大洋山、小洋山、泗礁山、黄龙山等共大小岛屿80余个全部解放,国民党军对长江口及沿海一线的封锁被粉碎。

二、解放嵊山岛

1950年7月6日上午9时,解放军第98师的4个营在上海浦东第七码头集中登船。7月7日上午,舰队往东前进着,嵊泗列岛一座座岛屿已隐约可见。11时左右舰队进入壁下山海面,遭嵊山岛残敌火力阻击,我舰尾部中弹,第2营机炮连广东籍战士胡凯同志和向导戴阿宝船老大(嵊泗县菜园镇人)不幸牺牲。

嵊山是残敌集中的主岛，有400余人，一时难以攻破。8日下午，为了解决"立足之地"，解放军先占领了嵊山附近的枸杞岛。当晚7时，在我军舰和登陆艇的掩护下，解放军的突击班加上机炮连部分战士，分乘两只小登陆艇，组成第一梯队，攻击嵊山箱子岙，午夜12时，战斗全部结束，俘敌300多名。第二天，机炮连第9班的战士从后头湾的一个岩洞里活捉了敌代理指挥官张祥云，解放了嵊山岛。

三、黄龙乡19勇士遇难处

东嘴头位于黄龙岛最东边，距黄龙南港东北3千米，因黄龙以东岬角处故名。东嘴头曾写作东咀头，系马鞍形山谷，东西依山，南北临澳口。1978年，建东嘴头村，1984年建东嘴头村委会，1988年正名为东嘴头村委会，这里曾以埋葬有19位勇士忠骨而闻名。

东嘴头以东为嵊山洋及东海，这里无遮无拦如遇飓风风大浪高。1956年8月1日深夜，12级飓风袭击江浙沿海，驻守黄龙东嘴头防空连指战员为抢救国防兵器，连长林才发等19人不幸被浪涛卷入大海牺牲。

这里，虽散存着当年放置兵器的痕迹，但随着时间的推移，遗迹被风浪冲刷得所剩无几。

四、蒋纪周烈士纪念碑

蒋纪周烈士纪念碑位于嵊泗县嵊山镇民富村村委会东南，蟑螂嘴头上面，于1958年7月建成。当年7月29日，时任浙江省省长的周建人为纪念碑题写了"烈士舍己救人的事迹永留人间"的题词。主塔高5.05米，宽4米，为四方形，塔顶呈尖形，占地面积（10米×8.5米）85平方米。

1957年，解放仅7年的嵊山，通信落后，气象预报设施差，而这个时候全国人民正在为社会主义事业大干快上出大力流大汗，六省一市的渔民汇集嵊山渔场。12月12日，嵊山渔场突然遭到飓风袭击，7万渔民、1.4万余艘大小渔船，正面临着被狂风巨浪倾覆的危险。在这紧要关头，中共舟山地委、舟山专员公署，根据中共浙江省委和省政府的指示，立即组织渔场全体人员和机动船只，全力以赴投入抗风抢险斗争。东海舰队和驻舟海陆军领导机关派遣船艇抢救全场渔民，在惊涛骇浪中同心协力、互助互救，加上嵊山人民的全力支持，终于战胜了严重的自然灾害，救出了落水渔民175人、船只341艘，寻回被风浪冲散的渔船400余艘。尤其是蒋纪周几次奋不顾身跳入海中救出渔民数人，此时又听到渔民蒋阿全在海中的呼叫，蒋纪周由于往返抢救冷水浸心，本已疲惫不堪，但他竟不顾个人安危，毅然跳入海中抢救，终因与巨浪搏斗过久，力不能持而牺牲。

第四章 嵊泗列岛军事旅游资源状况

蒋纪周烈士纪念碑建成以后,每年都有成千的渔场干部、群众前来悼念,冬汛季节人员更多。1997年被定为嵊泗县爱国主义教育基地

五、"85炮连"连史室

"85炮连"地处泗礁本岛基湖村。该连是一支具有光荣历史的连队,于1945年11月25日在鲁南官桥创建,为解放军山东第8师第一个"山炮连"。

战争年代,连队在党的领导下,依靠我军强有力的思想政治工作凝聚战斗力,把76名俘虏兵改造成了英勇善战的革命战士,并先后经历了滕县、泰安、孟良崮、淮海、渡海等战役战斗20余次,前赴后继,屡建功勋。

和平时期,连队保持发扬我军光荣传统,先后移防定海、白节、浪岗、羊毛洞、泗礁等9个岛屿,为保卫海防、建设海防作出了重大贡献,11次荣立二等功,12次荣立三等功,26次被总部、军区、省军区、守备区、要塞区评为思想工作、军事训练、行政管理、战备执勤、军民共建、生产活动等方面先进集体,涌现了军区"守岛标兵连长"顾金屏、全军"优秀班长"赵全红、全军"优秀边海防基层干部"虞伟民等一大批先进模范人物,5次派代表赴京参加国庆观礼和北戴河疗养,受到毛泽东、江泽民等党和国家、军委领导人的亲切接见。1977年,连队(当时称"羊毛洞连")被军区评为"硬骨头六连式连队"。

1984年5月,连队从壁下羊毛洞移防泗礁本岛基湖地区,环境和形势发生了很大变化。面对复杂的环境和"酒绿灯红"的影响,连队充分发挥思想政治工作的优良传统,总结出了一套"思想工作人人做,做人人"的群众性思想工作方法和经验,全面建设不断上台阶。1991年6月,连队被南京军区授予"思想工作模范连"荣誉称号。

1996年,连队被浙江省军区评为基层建设连续3年先进的标兵连队。

1995年,连史室被中共嵊泗县委命名为县级爱国主义教育基地。

六、嵊泗县革命烈士陵墓

嵊泗县革命烈士陵园位于风景秀丽的国家重点名胜风景区——嵊泗列岛,在那碧波万顷,星罗棋布的岛屿中间,有一个面积最大的泗礁岛的宫山顶上,矗立着一座雄伟醒目的革命烈士纪念碑。它占地 1 500 平方米,建筑面积 2 423 平方米,道路 1 600 平方米。1995 年 4 月兴建,1996 年 4 月落成,同年 7 月 7 日,即嵊泗解放 46 周年纪念日举行了揭碑仪式。2000 年 5 月后,把原分散在青沙、黄龙的烈士墓地陆续迁移到陵园内。陵园设计气势雄伟,依山傍林,山顶矗立革命烈士纪念碑,碑前正门屹立庄严的拱形门,正向朝南,气象万千。观碧海金沙,望山海奇景;数渔火点点、听林涛声声;守千米长滩,看海上日出。

嵊泗县革命烈士纪念碑

纪念碑广场总面积 590 平方米,一次可容纳 300 人参加悼念活动。碑的底座由红色磨光花岗石筑成,长 10 米,宽 7 米,高 3.5 米,碑身高 25 米,呈塔形,钢筋混凝土结构,碑顶安装直径 1.8 米的不锈钢球体。底座正面雕刻着由全国人大常委会委员薛驹同志题写的"革命烈士永垂不朽"8 个大字,二侧刻着 98 位烈士英名录,四周耸立着 8 根立柱。整个纪念碑造型为风帆船形。碑的右侧是革命烈士墓区,有 122 位烈士长眠于此,他们是在解放嵊泗列岛、海上剿匪和嵊泗解放后在守岛建岛中献出宝贵生命的人民解放军指战员和革命群众。

陵园主要建筑有烈士纪念碑、烈士墓地、烈士事迹陈列馆、陵园牌坊等。陵园内庄严肃穆，四周青松环抱，翠柏挺立，香樟簇簇；眺望远方，帆船点点，海天一色，景色秀丽，是一座集瞻仰、凭吊、旅游、观光、园林为一体的陵园，是嵊泗县最大的烈士墓地和纪念凭吊场馆。1997年9月，被列为市级爱国主义教育基地，为嵊泗县重点文物保护单位之一。

七、海防石刻

（一）大小洋山的石刻

大小洋山历史悠久，文化底蕴深厚，自梁大同（公元545年）即有史书记载，是嵊泗列岛最早有史载的岛屿之一。唐天宝二年（743年）和七年（748年），高僧鉴真东渡扶桑弘扬佛法，传播中华文明，两次途经泊停小洋山，其在海上沉船遇险，获岛民水米相助，成为千古佳话。宋元之际，就有一个叫梅应发的人在1259年成书的《四明续志》里描述了当时明州知府吴潜"朝夕思惟"后指令创设"海上十二铺"的军事设施，这"海上十二铺"从招宝山开始，经由沥港（"烈港山"）、大洋山（"三姑山"）、徐公岛、绿华岛（"络华山"）、花鸟岛（"石衕山"）再南下壁下岛。壁下乡今属嵊山镇。明嘉靖三十一年（公元1552年）民族英雄戚继光驻岛练兵抗击倭寇。顺治十五年（1658年）九月，郑成功、张煌言在洋山会师北伐。悠久的历史给大小洋山留下了诸多珍贵遗迹。至今，岛上尚存多处明清摩崖石刻。

洋山景区位于嵊泗列岛西部，景区范围包括大小洋山岛和沈家湾岛等。景区以幻石灵礁、摩崖石刻为特色。景区内裸石露岩遍布，怪石奇礁横生，摩崖题刻众多，有"海阔天空"、"海若波恬"、"中流砥柱"、"海宇澄溥"、"群贤毕至"、"鲲鹏化处"、"万顷晴波"、"倚剑"等明清时代留下的摩崖石刻。石刻铁笔银钩，龙飞凤舞，令人目不暇接。这些石刻既是对海疆军民的颂扬，亦表达了捍卫祖国海疆的坚强意志与信念。

1."倚剑"

"倚剑"在小洋山岛，为李楷（字邦正，江西吉水人，由举人授汤溪知县，嘉靖年任浙江青田知县。）于癸丑（明嘉靖三十二年，1533年）夏所刻，其字径达4米见方，石刻最为壮美，二字内还嵌刻"中流砥柱"四字，每字高0.8米、宽0.6米。据考证，石刻"倚剑"是我国东南沿海迄今为止所发现的字径最大的一块摩崖石刻，故有"大字王"的美誉。

2."群贤毕至"

大洋山的圣姑礁石刻群中"群贤毕至"四字，为清光绪十四年（1888年）所刻。"海宇澄清""万顷晴波"这两方石刻均在"群贤毕至"的左边，可惜落款已经风化，看不清楚了。当年，湘潭雷玉春率刘长有等7名将军巡海到大洋，在圣姑礁上，有感人海之情，抒发各自抗倭寇壮志，坚守海疆雄心，便题刻了这4个直书正楷大字，每字高0.36米，宽0.28米，劲峭瘦硬，铁笔银钩，左落款12字，右落款32字。想当年，倭患东南，烽火海山，俞大猷、刘恩至等抗倭明将转战东南沿海，江浙军民于大小洋山巡缉，同仇敌忾，协同作战，为捍卫祖国边疆立下了丰功伟绩。

摩崖石刻

大洋山圣姑礁上的石刻

3．"海阔天空"

明万历年间爱国将领张文质题刻的"海阔天空"，是我国将士戍守海疆，抗击倭寇入侵的主要史迹，位于小洋山岛。

第四章 嵊泗列岛军事旅游资源状况

小洋山岛上的石刻

4. "泛波"

"泛波"两个大字,系清光绪二十六年所题刻。每字高约 0.5 米,宽约 0.4 米,左边落款 11 字,能辨认出这是刻于清光绪二十六年(1900 年)的,右边落款风化无从考查,位于大洋山岛。

大洋山岛上的石刻

(二)黄龙岛石刻

1. "东海云龙"

黄龙岛有一块硕大的奇石,大约有两间房屋的体积,大半身凌空出世,横搁悬崖。其旁有块元宝形的石头,推推会动,摇摇会晃,一根细丝能从岩底拉过,然而 12 级台风却吹不倒它。大可与福建东山县岣嵝山的"风动石"媲美。石上有:"东海云龙"4

139

个大字,旁边数行密密麻麻的小字,其中"东海有奇石"5个字仍清晰可辨,为清光绪三十四年四明张传隆巡海时所题。

这块位于黄龙岛峙岙的元宝石有种种传闻。一说为当年女娲炼五彩石补天时所坠,二说峙岙位于黄龙岛之尾端,此乃两颗龙蛋。更有甚者,说这是黄龙岛的镇岛之宝。黄龙虾米所以这么出名,就靠这两个金元宝金光照耀的缘故。据说抗战期间,日本兵不相信,曾用钢丝绳缚住石身,海里用几只舰艇拖着跑。结果钢绳爆断,巨石纹丝不动,日本人不得不为之咋舌!

黄龙岛上的奇石

黄龙岛上的石刻

2. "瀚海风清"

在黄龙岛大岙山嘴的悬崖上,有"瀚海风清"4个大字。其势,神逸巍峨。石刻右侧上书"差镇守浙直中府都督处邵杨令等书",左侧上书"万历三十六年春处勒石,分守宁绍等处地方参将刘炳文、统领宁嘉游兵游击将军陈梦斗同签"。据碑文记载,系明朝万历三十六年(1608年),在东海剿倭途经黄龙时所刻,距今400年了。"瀚海风清"中"瀚"字的半边及右首的题写人官衔及姓名等在20世纪70年代初的一次当地修建码头时被毁,所以,"瀚海风清"也俗称"三个半字",而今其终不能以全貌见于世人，从而留下了永久性的历史遗憾。

（三）枸杞岛石刻

1. 山海奇观

嵊泗县枸杞乡里西和石浦交界的山冈上有一座高9米、宽7.3米的摩崖石刻，上镌"山海奇观"4个大字，每字为1.6米×1.3米。大字下面有一段小字注着"大明万历庚寅春都督侯继高统率临观把总陈九思、听用守备宋大斌、游哨把总詹文武、陈梦斗等督汛于此"。

侯继高号龙泉，明华亭（今松江）金山卫（上海金山）人。嘉靖年间，世袭金山卫指挥使，后节制浙东、浙西，为两浙总兵。

明万历年间，国势渐衰，倭寇经常骚扰我海疆，朝廷惧外，一些流民海匪也冒充倭寇。东南沿海一带匪患不断，浙闽一带地方官员连连上奏朝廷，以除匪患。但海匪十分狡猾，经常等官兵一到，海匪已逃遁无踪，致使朝廷剿匪收效甚微。

面对狡诈猖狂的海匪，侯总兵想了一个诱敌之计。一天，侯总兵佯装携家人到南海普陀山焚香拜佛。一路上鼓乐浩荡，吹吹打打，好不热闹，并放出口风说：侯夫人久有夙愿，一家人要在普陀山做道场月余，以谢佛祖厚爱。倭寇以为侯将军此时无暇顾及百姓安危，就伺机在嵊泗一带海面作恶。其实侯继高早已在这之前派出游哨水师，在各地装成渔民、商船水手进行秘密查访。当嵊泗暗哨传来密报，说在嵊泗的枸杞一带有倭寇侵扰，就立即带领水师以迅雷不及掩耳之势赶来，一举歼灭于枸杞洋面。

此时已值傍晚时分，由于天色将晚，再则又有风浪，侯将军战船泊于枸杞港岙，率兵将上岛修整。第二天风过天晴，侯继高将军来到五里碑山顶，眼见周围碧海金沙、白云银鸥、夕阳似火、石奇礁美、山静水绿，无垠的大海上有无数岛屿如颗颗明珠洒落其间，风光旖旎，提笔写下了"山海奇观"4个大字，叫人镌刻在巨石上。

枸杞岛上的石刻

侯继高的字，笔法圆润雄厚，苍劲有力，用墨饱满，字体工整，系书法上品，也是舟山市现存的石刻珍品。1979 年，舟山地区行政公署发文定为地区级重点文物保护单位。

"山海奇观"作为枸杞乡乃至嵊泗县的标志性石刻景观，位处扼要，居高临下，与周围的绿树成荫、远处的海上牧场遥相呼应，前往参观游客如织，石刻又作为历史事件的描述材料，对明朝的一段抗倭历史往事在奇石上记载并流传下来。

"山海奇观"是珍贵的历史见证物，同时"山海奇观"又成为枸杞乡重要的爱国主义教育基地、国防教育基地和历史教育基地，是枸杞乡社会团体活动的重要场所。每年少先队员入队和青年入团仪式都有相当一部分在"山海奇观"瞻仰回忆往事，缅怀历史，接受爱国主义教育。

八、海防灯塔

1. 白节山灯塔

白节山灯塔位于嵊泗县境内的白节山上，北纬 30 度 36 分 54.8 秒，东经 122 度 25 分 13.2 秒，由英国人于 1883 年所建，1946 年重建。该灯塔高 14.3 米，灯高 75 米，塔内有钢板旋梯，钢质灯笼直径达 2.7 米，灯器射程达 22 海里。

白节山灯塔始建于 1883 年。灯塔建成初期使用三等红白二色替光灯，民国 18 年换成水银浮槽和轴承盘镜机。镜机每隔一小时需要人力摇动上弦，1989 年，上海航标导航处将需要上弦的镜机改为由马达驱动的电子旋转机。1994 年又安装了英国生产的二头换泡机和一套 1 000 瓦卤素灯，并将原电子旋转机更换为 FCEOD40 型机械式旋转机，灯器运转更加稳定。1946 年的灯塔重建工作使白节山灯塔被赋予新的生命。如今，它主要服务于上海、马迹山港通往我国南方及东南亚各国的主要航道之一白节峡水道。

2. 花鸟灯塔

花鸟灯塔位于嵊泗县花鸟岛西北角山嘴，北纬 30 度 51 分，东经 122 度 40 分，为国际灯塔，也是远东第一大灯塔。灯塔外观是圆柱形，上黑下白，共 4 层，塔高 16.5 米，塔内设置四面圆形头等镜机牛眼透镜，每面透镜用八圈三菱形水晶玻璃拼装，直径 1.84 米。在头等镜机上安装有自动转机，四面透镜每 60 秒转一圈，光源现采用其所长 2 000 瓦卤素灯，射程 24 海里，在同一地点每 15 秒可见一道灯光。花鸟灯塔始建于 1870 年，原为三合一灯塔，即视觉指向：牛眼聚光灯；听觉指向：原为气雾喇叭，声传 30 华里，现为电雾喇叭，雾天发声，声传 4 海里；电波指向：无线电指向仪，每隔 15 秒钟自动发出电波告知航行商船，北纬东经数。

鸦片战争以后，清政府日趋腐败，随着沿海港口的"通航通商"，帝国主义的商船、军舰可随意横行于中国沿海各地，由于花鸟岛地处中国沿海南北航线，与长江口分界交叉之地，又是上海直达日本及经太平洋的远航船只的必经之所，因附近海域岛礁甚多，英帝国主义为保证远航运输船只的安全航行，加紧掠夺中国财富的黄金航道，

第四章
嵊泗列岛军事旅游资源状况

白节山灯塔

花鸟灯塔

故在花鸟建造灯塔。同时在灯塔周围建造了机房、宿舍、餐厅等建筑,以供其管理人员所需之用。其建筑风格,室内设施布置为欧式,这也使灯塔成为英帝国主义侵华的实物。

1943年,日军从英国人手中接管了灯塔。1945年,国民党曾派飞机轰炸灯塔,但未能炸成,只是在三角水晶玻璃下留下了斑斑弹痕,新中国成立后灯塔由我海军接管,现属上海海事局镇海航标处嵊泗导航站管理。

纵观花鸟灯塔的百年历史变革,其中不乏辛酸与沧桑。新中国成立后,花鸟灯塔担负着进出上海港的国内外商船安全航行的重要责任,由于它的历史遗迹优势和灯塔文化之独特内涵所在,花鸟灯塔于1997年被命名为市级爱国主义教育基地,1998年分别被省人民政府和国际航标协会命名为国家重点文物保护单位。

九、五龙乡"万人坑"遗址

五龙乡小田岙有个"万人坑",这是一个墓穴,实际上称"犯人坑"更为恰当。它是日本侵略军侵占嵊泗列岛时埋葬中国劳工的地方,是日寇侵华的罪证之一。说起这"万人坑"还得追溯到那个硝烟弥漫、炮火连天的抗日战争年代。

1944年后,日军在太平洋战争中渐趋守势。为了阻止英美盟军从海上进攻中国上海及日本本土,日军在嵊泗列岛一带开始修建大量的大型工事。而建造军事设施需大量的人力,日本侵略军就从上海浦东提篮桥监狱和苏北等地抓来大批劳工和被俘的抗日军人、爱国志士,在五龙等地修筑大批钢筋混凝土结构的军事工程,到1944年年底,共建成11个鱼雷洞掩蔽体、38条坑道。

"万人坑"遗址

日军把他们从大陆运来时,一部分人的脚上戴着沉重的铁镣,被迫专为日本人上山造炮台、挖战壕,在海边修筑隐藏鱼雷艇的隧道等军事设施,还有一部分所谓"犯人"的中国人，脚上没有铁镣，专替日本人背大大小小的木材到西会城牛头山岗墩战壕，搬运各种建筑材料到山上各处建造军事设施的工地上。他们对劳工的劳动略有不满就拳打脚踢，用木棍打，特别凶狠，老百姓非常憎恨他们。

劳工们在恶劣的条件下，苦苦挣扎，痛苦地生存着，但终究经受不住挨饿和繁重体力劳动的折磨，许多劳工纷纷死去。日本人把死去的中国人扔到小田岙嘴头的一个坑里。劳工一批批死去，日本人又从大陆一批批运来新的所谓"犯人"，谁也说不清楚这坑里面扔了多少中国人，此坑也因此被称为"犯人坑"，即现在所说的"万人坑"。

日军鱼雷洞

黄龙岛炮台

十、坑道与碉堡

军事遗迹主要以防空洞、碉堡和坑道为主，在嵊泗列岛的许多岛屿上均有那个时期留下的遗迹。这些工事当初的主要作用是作为海防工事，据守着进出岛屿的海面。在嵊泗列岛的军事遗迹中，因灯塔仍为现在航运服务，有专门的机构与人员来维护与保养，目前状态良好。石刻被发现后被保护，相隔几年有专人会在文字上刷上油漆，现状较为良好。而炮台、碉堡、坑道，除少数坑道被开发后受保护外，现大部分被民用，有些被建设所损害，或自然损坏，杂草丛生。

各类坑道与碉堡

第五章
舟山群岛军事旅游资源保护与开发总体探究

旅游业的价值链基本包括资源、产品、渠道、客户四个环节,旅游资源开发价值受旅游资源价值、吸引力、旅游资源的知名度及旅游者行为特征、区域旅游开发条件等因素的影响。军事理论、军事技术、军事管理、军事历史、军事地理、军事人物等军事知识,以及军事中的行军、组织、纪律、体能、野外生存、擒拿格斗等实践训练,是吸引游客的重要筹码。军事旅游资源开发,要以军事为核心和线索统筹旅游资源,明确旅游资源的军事分类主题和游客参加旅游活动所应达到的效果。没有主题或目标模糊的军事旅游难以吸引游客重游。军事遗迹是一类特殊的文化,与和平时期人们日常关注的话题相距较远,故应作为一类特殊的旅游资源进行开发。

第一节 舟山群岛具有军事旅游价值的遗址现状堪忧

当前,出于各种主客观因素的制约,舟山群岛军事旅游资源的保护工作令人担忧。

一、舟山群岛一些军事遗址缺乏有效性保护

在定海,除了几个主要爱国主义教育基地,如舟山烈士陵园、定海鸦片战争古战场遗址公园、金塘烈士陵园等得到了较好的保护和开发外,不少军事遗址都散落在街巷里弄或山野树林,有些甚至连标志都没有,只能依靠年长的当地人凭借依稀的记忆指出其位置,而对于当时发生的场景就难以进行考证。如:平倭碑历经 400 多年的风雨洗礼,但上面却有随意涂画的印记,甚至还被用来晾晒衣被,作为木工的工作场地,虽然作为市级重点保护文物,却没有得到应有的保护。

二、许多军事旅游目的地交通不便

作为旅游资源,应该是交通便利,便于游客前往参观。但是,定海的一些军事遗址因为位置分散,甚至因为位于偏僻之地,没有交通工具可以借用,有的甚至需要徒步穿过田野小径,登上山丘,进入密林,这就必然影响了旅游资源的开发。岱山岛际交通极为不便,公交车线路少,时间间隔也长。一些景点即使乘坐出租前往,回程却往往叫不到车,只能让游客干着急。宣传不到位是另一瓶颈。如以阵亡义勇冢为载体的总兵郑国鸿之子郑鼎臣在岱山抗英故事。许多人知道定海三总兵,知道郑国鸿的豪气干云,威武不屈,却不知道郑鼎臣在岱山抗英多年,烧毁英舰、舢板无数,焚溺英兵不计其数的抗英壮举。

三、军事旅游资源分散、缺乏整合和专业开发保护

正如前面提到的,各地的军事旅游资源中,如作为爱国教育基地的几个公园和陵园,已经得到了正式的、集中的保护和开发,但是有相当部分的资源却因为分散、规模小,缺少专业的保护和开发而荒废。比如在金塘,虽然有些老人可能还记得金塘登陆战的一些故事,但是却因为语言不通而无法与游客交流;在定海,因为时代的更替和城市的变迁,有些当年的军事地址也难以寻觅。其实,那些散落在街巷中的一个个当年的历史遗址、与军事有关的故事如果整合起来,也将是一部很有分量的军事记忆。如岱山机场这个极具军事史料价值与军事旅游价值的国防基地,在岁月里哑然失声,近期才被恢复为军用机场。

正是缺乏专业的保护、开发规划和行之有效的保护措施,已有的规划无论是在规划的指导思想和科学性方面,还是在规划的可操作性方面都存在着严重的不足。一方面,缺乏专门的保护历史文化资源的法规和措施;另一方面,对已有的城市规划和文物保护法规执法不严,对违反法制的行为查处不力"有法不依"令行不止的情况时有发生,原有遗迹破坏比较严重。此外,军事旧址保护与开发的数量不多,范围过窄,类型单一,且重点仅局限于革命遗址遗迹。

舟山群岛军事海防历史悠久,军事旅游资源十分丰富,这也是群岛的军事历史上具有开发价值的一个亮点。同时群岛的军事历史虽然悠久,但是在保护方面还存在很多问题,需要认真思考并积极研究解决。

第二节 定海军事历史资源开发设想

定海的军事历史资源比较丰富,具备一定的开发空间和前景。定海因为地处中国东部海岛,其特殊的自然地理位置和战略地理位置,又赋予了定海的军事历史与其他地方不同的特点。

第五章

舟山群岛军事旅游资源保护与开发总体探究

首先,从整体上而言,定海的重要历史事件大多与军事历史相关,比如抗倭斗争、鸦片战争定海保卫战、清朝初期的舟山攻守战、抗日战争、解放战争时期的游击战、解放军金塘登陆战等,这些都是发生在定海的主要历史事件,而这些历史事件又全部都是定海军民的战斗历史。所以,对定海军事历史资源的开发对于深入了解定海、认识定海具有相当重要的意义。

其次,定海的军事历史事件层次清晰,不繁杂。从时间上看,定海的军事历史可以追溯到汉朝时期,定海的军事历史因此可以分为古代军事历史、明清时期军事历史、抗日战争时期的军事历史、解放战争时期的军事历史等几个部分。明清时期的军事历史中重要事件为抗倭斗争、清朝初期的舟山攻守战以及鸦片战争时期的定海保卫战;抗日战争时期的重要军事历史为中国共产党领导组织的抗日武装进行的斗争,国民党军队抗击日军的斗争;解放战争时期的重要军事历史为"舟支""东总"组织的打击国民党军队的游击战争,中国人民解放军在解放定海的过程中组织的首战大榭岛、金塘登陆战。从历史事件分布上看,定海的军事历史重点突出,其他小的军事战斗事件大多都是某个大的军事历史事件的组成部分。从地点上看,定海历史上重大的军事事件大多以定海县城为中心,周边山区和近岛海面战斗都是围绕着中心城镇展开。

最后,定海的军事历史就是一部海战的历史,海岛登陆战的历史。海岛地理位置决定了定海的军事历史中海战和海岛登陆战是主要的战斗方式,这同时也成了定海军事历史中的一大特色。定海古代军事中,依靠舟楫渡海,依靠海岛与陆地进行军事对抗是当时军事斗争中常见的形式。近代以后,舰艇参战又使得海战更为激烈,战场面积更为广阔。鸦片战争定海保卫战中,英国炮舰轰炸定海,清军官兵和定海百姓在侵略者的炮火里英勇战斗,表现出崇高的民族气节。解放战争中的金塘登陆战,中国人民解放军以强大的攻势克服了恶劣气候的影响,以猛烈而迅速的进攻彻底摧毁了敌人的军事防线和心理防线。因此,在定海军事历史的开发过程中,研究海战、海岛登陆战是一个重要的方面。

定海的军事历史资源丰富,军事历史特色鲜明,具有较高的研究价值和开发前景。但是,从目前的开发利用状态看,定海的军事历史资源开发利用水平还不高,开发力度也不够,即对重点事件纪念地修建了纪念性建筑,但其他规模小一些的军事事件纪念地基本处于初级建设、甚至是没有开发的状态。其中有很多待开发的空白区域可以进行填写。目前,定海军事历史资源的开发和利用现状也明显跟不上时代的发展,需要进一步思考如何更好地开发军事历史的深刻内涵,更好地让现代的人们学习并且领悟历史的真谛,更好地发挥军事历史资源中蕴含的深沉的民族尊严和爱国主义情操对现代人的教育意义。针对定海目前对军事历史资源开发力度较小,宣传力度薄弱的现状,我们在研究定海军事历史资源特点的基础上,要进一步研究其开发利用的可能性和方式。

就目前而言,随着舟山经济社会日新月异的发展,定海也越来越被外面的人所认识,前来旅游观光的游客也日益增多。在人们普遍关注定海的海洋文明和风土人情的同时,我们对定海军事旅游资源的研究就是要让人们更多地关注定海另一个方面的深沉文化和内涵，激发人们对这座海岛城市有更全面的认识，对这座城市在中国历史上所经历的风云有更多的了解，从而使定海在世界上的形象更为饱满、更为立体。

一、整体开发现有纪念性场馆，改变纯粹静态的表现形式

目前，定海的几个主要纪念性建筑，舟山鸦片战争遗址公园、金塘烈士陵园、舟山烈士陵园等，具备一定的建设规模，但是开发力度很不够。针对目前的开发现状，可以从规模扩建、内容整合、引入电脑数字技术等三个方面进行开发规划。

（一）规模扩建，在现有基础上对硬件设施进行完善

目前，舟山鸦片战争遗址公园、金塘烈士陵园、舟山烈士陵园等几个场馆经过基本建设后具备了一定的规模，里面展出的文物、文字资料和图片也比较丰富，在舟山和浙江省内也有一定的知名度。对这些纪念性建筑进行再度开发不能只停留在简单地修葺、新增景点方面，应该结合周围的环境进行开发。我们在调查研究过程中发现，这些建筑大多地处定海自然风景较好的地段，有很好的地理环境。但是，这些建筑多为大风光中的一个参观点，如果进行更深层次的开发，可以将周围的大风光融入这些纪念性的建筑当中，使周边风景成为纪念建筑的一个亮点。比如，舟山鸦片战争遗址公园的建设，可以将公园的范围更为扩大，将竹山和晓峰岭已有的自然景点包括进去，还可以开发更多的人工景点，使鸦片战争遗址公园更有规模，增加公园的可游览性，使游客在游览自然风光的同时主动地走进其中的纪念建筑，学习定海的军事历史，感受定海人民自古以来所具有的强烈的民族气节和爱国精神。

（二）整合军事历史事件的内容，从整体上构筑重大军事历史事件的全貌

现在已有的纪念场馆里，对历史事件的介绍还是以主体事件为主，对于与之相关的一些较小的事件关注度不大。一个历史事件对人们的吸引除了本身的重大性以外，更多的是通过其中的一些故事、一些细节展现事件的意义。对军事历史资源的开发也可以借鉴其他景点的方式，比如某个物品、某处风景都有很多动人的故事可以进行开发。因此，在大型军事历史事件场馆的开发利用上，除了要将主要事件浓墨重彩地表达，也要尽可能收集更多曾经发生的与之相关的故事，可以从有文字记载的资料里收集、编写，也可以通过记录老定海人的回忆来将故事铺陈开来。之后，在景点的位置可以修建一些历史故事长廊，将军事历史事件中发生的故事通过长廊的形式展现在游客眼中。比如，在舟山鸦片战争遗址公园中开设定海保卫战的故事长廊，在临城烈士墓开设抗日战争故事长廊，在金塘烈士陵园中开设解放军金塘登陆战的故事长廊，在舟山烈士陵园中开设解放军解放舟山的故事长廊等。我们在之前的调查研究中翻阅过20世纪50年代的《舟山日报》，里面有专栏刊登过很多发生在舟山的军事历史故事，有金塘登陆战的故事、东海游击总队的故事等，将这些资料重新整理、收集就是一部非常生动的情景再现。

第五章
舟山群岛军事旅游资源保护与开发总体探究

同时，在这些主要的场馆中，还可以设立一个具有舟山特色的专题区，即定海人记忆中的定海历史。可以分为两个部分：第一部分是舟山老人讲述曾经经历过的或是听长辈回忆过的关于发生在定海的军事历史故事；第二部分是新一代定海人讲述他们对定海历史的认识和理解。在纪念定海解放60周年的时候，由定海新闻网制作的专题《潮起东海看定海——纪念舟山解放60周年》中，就开设了专门的栏目，邀请定海的老人回忆当时解放舟山的战斗中亲历的场景，其中的细节非常感人。我们可以从中选择有代表性的人物进行采访，请他们讲述记忆中的军事历史故事以及对某段历史的回忆，以文字的形式或是视频采访的形式在场馆的某个区域供参观者一同交流。这种方式有两大好处：其一因为这样的设计需要发动所有定海人积极参与，增强了定海人对本地历史的关注度，能较好地提升定海人的历史修养和文化修养；其二，这样的方式更能提升外地参观者对定海军事历史事件的兴趣，也能为大家提供一个互相交流和学习的平台。

（三）对纪念性场馆的建设还应通过电子科技设备的运用，使场馆对军事历史事件的展示体现出动态感

定海目前的军事纪念场馆的建设还是以静态的形式为主，随着时代的发展，这样的方式将难以满足现代参观者的需求。场馆的建设要体现出动态感可以从以下几个方面进行设计。

以环幕电影的形式体现战争的激烈。鸦片战争中的定海保卫战、定海军民的抗日战争、解放军金塘登陆战等都是发生在定海的大战役，对抗程度相当激烈。而且，这些战役的战场分为陆地和海面两个部分，视觉效果非常壮阔。对这些历史上的大战役的表现除了详细的文字记录和图片记录以外，还可以通过环幕电影的形式进行动态展示。环幕电影的优势在于视觉冲击感非常强烈，感染力强，特别适合展示大环境下的事件发展。因此，如果在纪念性场馆的建设中专门设计一个环幕电影的空间，将历史图片进行一定的编辑，或者通过现代计算机技术将战场通过艺术手法再现，使参观者随着电影中历史的展开仿佛亲临当时的战场，感受定海军民齐心协力、保卫国家、保卫家乡的崇高精神，对定海军事历史的宣传将会起到更好的推动作用。

开设军事历史电子书阅览室。配备一定数量的计算机等相关设备，其中储存关于定海军事历史的各种数据，包括电子书籍、相关新闻、历史资料、图片图表、小型纪录片等，使参观者可以自己进行操作、选择自己感兴趣的资料进行浏览；建立一些与图书馆和书店相联系的电子目录，方便参观者选择或者订购自己感兴趣的相关军事历史书籍；开设参观者留言的版面，使参观者在参观学习后可以立即在版面上留下自己的感想以及对场馆进一步开发设计的建议。

开设军事历史故事舞台。培训一定数量的专职或者兼职表演人员，在进行过专业策划的舞台背景下，通过话剧等表演形式再现军事历史故事中的场景。这种舞台形式还可以增加一些参与性，比如允许一些有兴趣的参观者参加一些情景表演，通过当群众演员的方式体验一下当时情境下人物的心理和思想。

二、革命军事历史馆址、旧址和遗址的开发要注重保护、修复、新建、组合和细节塑造

定海的革命军事历史馆址和旧址是相当丰富的，记录了中国共产党领导的定海军民在抗日战争时期和解放战争时期所进行的打击敌人的坚决斗争，中国人民解放军解放舟山的英雄战斗经历以及新中国成立后积极参与地方建设，参与抢险救灾等先进事迹。在这些馆址中，收藏了很多珍贵的领导人的题词、文字资料和图片，具有很重要的历史意义和教育意义。

但是，这些军事历史馆址目前是一馆一主题的形式，因此规模相对较小，而且相互之间有一定的路程距离，参观起来不是很方便，没有形成一条连贯的旅游线路。在将来的开发建设中，可以将同主题的馆址进行一定的整合，扩大建设规模。比如，"洛阳营"营史馆、"人民英雄连"连史室、舟山警备区军史陈列馆、"勤俭创业修理连"连史室、海军92910部队军史馆、海军91991部队军史馆，都是中国人民解放军优秀部队的先进事迹展览馆，如果将这些馆、室进行联合开发建设，修建一个驻舟山的中国人民解放军军史展览馆，将已有的馆、室资料进行组合、分类，修建规模较大的建筑群，收集更多的相关资料，引进电子技术进行立体开发和建设，以全新的方式和整体的形象体现驻舟山的中国人民解放军部队的崇高精神和优秀事迹。

定海军民在中国共产党的领导下，在抗日战争时期和解放战争时期进行了对敌的英勇斗争，留下了许多可歌可泣的军事历史故事。因此，在定海也留存下了一些当年进行斗争的旧址和战斗遗址，但是这些旧址和遗址多分散在定海的一些老街道或是偏僻的郊区，没有进行过整体的、系统的开发和建设。比如，舟山地委（专员公署）旧址、中共定海县工委机关后岙旧址、中共定海县工委旧址、定海特派员机关道头祥裕肉店、念亩墩旧址、定海特派员机关皋泄舒家旧址、中共定海城区支部旧址、洞岙农民抗粮暴动旧址等，这些旧址都记录了当时斗争的一些场景和故事。在以后的建设和开发中，这些旧址是需要进行修复和保护的，同时，可以在一定的位置修建一个综合性的纪念场馆，将发生在这些革命军事旧址中的故事进行集中展出，这样，对军事历史旧址的宣传和保护既有点的细节，又有面的综合。

在抗日战争和解放战争时期，有一些活跃在定海的武装力量，积极打击敌人，表现出浓厚的爱国主义精神。中国共产党组织的抗日游击武装、洞岙区警察队积极打击日伪军；舟山群岛游击支队展茅乡塔岭伏击战、袭击田螺峙盐警队、北蝉乡小展岙激战退敌；东海游击总队北蝉黄沙战斗遗址、油岭伏击战遗址、东海游击总队成立旧址等，这些都是定海烽火岁月的记忆。

在革命军事历史馆址、旧址和遗址开发建设方面，一是要继续保护好现存的旧址和遗址，在一些没有明显纪念建筑的遗址上可以修建一些纪念的标志，比如修一块记录了相关军事历史事件的纪念碑或一座纪念亭等；二是修建纪念场馆，将这些军事历史事件按时间顺序分类陈列，完整地、系统地展示当时的定海军民不畏艰难、经过艰

苦斗争取得胜利的历史。

三、古代军事遗址保护和开发

定海作为一座有着重要战略地位的千年古城，在古代军事历史上有着较为重要的地位，因此对定海古代军事遗址的保护和开发也是定海军事历史资源开发中的一个重要方面。定海古代军事遗址的开发可以分为以下三个方面。

（1）加强对现存的定海古代军事历史纪念地、物的修缮和扩建开发。在定海比较知名的古代军事遗迹是"同归域"、金塘"平倭港碑"。"同归域"位于定海城北祁雨山山麓，即海山公园东北角，是南明抗清殉难将士臣民万余人的骨灰合葬墓。金塘"平倭港碑"位于金塘岛沥港下街头。这两个军事历史遗迹规模很简单，处于没有系统开发的状态。对于这样的军事历史遗迹，可以进行重新规划，收集历史资料和故事，修建专门的纪念场馆。

（2）对于属于某个大的军事历史事件中的相关事件，可以放到大的场馆建设中一起开发。比如，姚公殉难处、义士李先生殉难处碑这样的军事历史遗迹，是发生在鸦片战争定海保卫战时期内的军事历史事件的组成部分，可以整合进舟山鸦片战争遗址公园的开发建设中。

（3）一些没有明显标示的古代军事历史事件的开发可以更多地以文字资料和军事故事的形式进行。孙恩兴兵反晋、袁晁水军自翁山攻苏杭、金兵攻昌国、宋将张世杰自昌国攻浃口、方国珍攻占昌国，这些都是发生在定海的古代军事历史事件，因为年代久远，这些军事历史事件除了文字记载，图片的记载几乎没有，具体地址也很难确定，因此，可以通过书籍的形式进行记录和展示。

四、引入体验式的军事历史事件表现方式

体验式的表现方式可以通过模拟的环境创造一个仿真的情境，参与者可以扮演其中的某个角色，亲自体验一把实际战场的感受，这样的方式增强了参观者的参与感，特别符合现代年轻一代的兴趣。

（1）建立军事历史事件模拟战场体验区。体验区的建设可以采取两种方式：一种是放在具体军事历史事件的纪念性场馆中；一种是专门建立一个综合的体验区，其中包括了几大著名战役的体验分区。具体建设方式可以根据开发建设的需要再确定。

（2）军事历史事件模拟战争体验区要以定海的几个重大战役为主，这几个大的战役是鸦片战争定海保卫战、解放军金塘登陆战、定海抗日游击战争、解放战争时期的游击战争以及清初舟山攻守战、抗倭斗争。选取这几个主要的军事历史事件，再根据每个战役的特点，设计模拟出战场的场景和布局，角色选取以及武器等，让参观者通过参与模拟战场亲身感受战争的激烈和当时的定海军民奋勇杀敌、保卫国家的崇高精神。

同时,场景模拟之外,还可开设电脑模拟,设计专门的软件进行故事编辑和人物选择,让操作者通过计算机操作,选择某个军事历史事件和其中的某个人物,在工作人员设计好的软件中感受军事历史事件的波澜壮阔。

(3)模拟体验区要体现海战和登陆战的特点。定海是一座海岛城市,发生在其中的战争基本都是海战和海岛登陆战,也有一部分陆地作战。因此,模拟体验区的建设要充分体现海与岛的特点,让参观的游客特别是内陆城市到定海旅游观光的游客可以感受一些海战和海岛登陆战的特色,这也可以成为定海军事旅游资源开发中的一大亮点。

五、军事历史资源的开发要注重加大宣传力度,提升定海军事历史资源的知名度

定海的军事历史事件中的重要事件前面已经阐述过很多,这些重要事件在中国的军事历史中都有着较为重要的地位。但是,因为定海对军事历史事件资源的开发力度不够,使得很多人,甚至是定海本地人都不太了解那些与定海紧密相关的重要军事历史。因此,加大加强宣传是定海军事历史资源开发中非常重要的环节。宣传工作做得好,建设好的场馆才会吸引人们的兴趣,记录历史的书籍才会使人争相阅读,定海的历史才会受到更多人的关注。加强对定海军事历史资源的宣传可以从以下几个方面开展工作。

(1)出版关于定海军事历史事件的书籍。这样的书籍其实也有过一些出版,但问题是影响力不大,宣传效果不够。第一,可以邀请当前在读者中反响好的知名作家到定海采风,请他们就定海的重要军事历史事件进行写作,出版系列作品集。第二,对这些书籍要进行宣传,通过媒体宣传方式,签名售书等方式进行推荐,吸引更多人对这些作品的关注。

(2)拍摄纪录片和电影、电视剧。定海重要的军事历史事件不但可以写出非常有教育意义和阅读价值的书籍,同样可以被拍成纪录片,甚至是电影和电视剧。一方面,军事历史事件本来就是矛盾冲突激烈的作品题材,非常适合通过影视作品的形式在屏幕上进行展示。比如,鸦片战争定海保卫战、解放军金塘登陆战等,这些军事历史事件本身就题材重大,而且战斗场面非常激烈,人物多、故事情节多,其中穿插的细节也非常感人,这样的素材如果很好地运用到影视作品中,可以成为非常有观众市场的好电影、好电视剧。同时,由定海参与制作这样的影视作品对定海也是一种很好的宣传,不但宣传了定海的军事历史,而且也提高了定海的知名度,可以使人们对定海的文化有更深入的了解,这对现在的定海而言是非常有意义的事情。

当然,除了大场景的军事历史事件可以通过影视形式表现,其实规模小的军事历史事件也很适合影视作品制作。比如,舟山群岛游击支队、东海游击总队在定海进行的对敌斗争中就有很多故事是现在的老定海人记忆深刻的,这些故事也非常适合通过影视的形式表现。

第五章
舟山群岛军事旅游资源保护与开发总体探究

（3）定期开展军事历史主题活动。为了更好地让人们了解定海的军事历史事件和资源，可以定期开展主题活动，一次一个主题，集中进行宣传，吸引定海人参与活动，学习、了解定海的历史，也通过媒体宣传的形式推荐定海的军事历史旅游资源。比如，爱国主义主题宣传。定海的很多军事历史事件都体现了定海人强烈的爱国主义精神，从鸦片战争定海保卫战到中国人民解放军解放定海、解放舟山，其中都表现出崇高的爱国主义精神。因此，开展爱国主义教育宣传，可以将这些发生在定海的重要军事历史事件更好地进行展示，让人们能更好地学习其中蕴含的崇高的爱国主义精神。

同时，在定海重大军事历史事件发生的纪念日，可以开展纪念日主题的宣传。各单位和学校可以根据主题选择丰富多样的活动纪念军事历史事件，可以以主题征文、演讲比赛、知识竞赛等形式吸引人们参与学习定海历史的活动。

六、加大对定海军事历史资源的保护力度，要使保护意识深入人心

对定海军事历史资源的保护和开发需要全体定海人民共同参与。对一个地方文化保护开发的关键还在于当地人民对本地文化的关注和重视。因此，要发挥全体定海人民的主动性和积极性，全面参与到定海军事旅游资源的开发和保护工作中来。

（1）那些留存有军事历史旧址或遗迹的街道和社区要积极保护、开发、宣传军事历史资源，保护好身边的历史，通过各种活动和宣传方法讲述身边的历史，让更多的人能学习到军事历史知识，这既可以成为提高全民综合素质的一种有效方式，也可以很好地宣传定海的军事历史资源，提升军事历史资源的价值。

（2）通过社区文艺活动宣传和保护当地军事历史旧址和遗迹。目前，定海的社区文化还是比较丰富的，各社区都会选择一定的时间，通过文艺表演的形式丰富群众的日常文化生活。因此，可以将对军事历史旧址和遗迹的保护和宣传与群众喜闻乐见的当地文艺表现形式相结合，增强群众学习历史知识的兴趣，将定海的军事旅游资源需要大家共同保护和开发的意识传达给群众，激发大家共同保护身边历史的意识。

（3）发动定海人民共同为定海军事历史资源的开发、保护献计献策。可以通过竞赛的形式组织一些活动，针对某个具体的军事历史资源的保护和开发出题，组织定海人民一起进行设想、设计，对于有特色的设想和设计给予一定的奖励和表彰。这样的形式能激起大家对定海历史的关注，同时也能积聚共同的智慧，为定海军事旅游资源的保护和开发挖掘出新的好想法，促进定海军事历史资源得到更好的保护和关注。同时，每一个定海人都是定海的一张名片，当每一个定海人都对自己家乡的历史非常熟悉，具有强烈的自豪感时，也对定海的整体形象是一个极大的提升。

对定海军事历史资源的保护和开发其实是提高定海整体知名度，甚至是提高整个舟山整体知名度的一个重要方面。我们研究定海的军事历史资源，思考如何更好地保护和开发定海的军事历史资源，是为了使定海在今后的发展建设中能够更好地发挥出文化优势，促进定海今后全面地发展。当然，定海军事旅游资源的开发是一项很大的

系统工程，牵涉到的具体工作也很繁杂。我们的研究主要是为定海在今后的军事旅游资源保护和开发中提供一些参考和建议。在定海军事旅游资源保护和开发的过程中，需要更多人的关注和参与，每一项积极的、有益的研究都将为定海今后更好、更快地发展提供智慧和力量。

表1-1　定海军事旅游资源的地址和路线

定海军事旅游资源	地址和路线
舟山鸦片战争遗址公园	位于定海城西的竹山和晓峰岭，舟山长途客运中心乘坐31路到竹山公园站下车，总路程1站（或可在客运中心门口右转，步行5分钟即到）
姚公殉难处	位于舟山市定海区海山公园内，海山公园健身中心的正前方20米处。舟山长途客运中心乘坐旅游3路到北园新村下车，往前走7分钟到达
义士李先生殉难处碑	位于留方井西侧，乘坐旅游3路到西关新村（西门台客隆）下，换乘29路/58路到舟山中学，步行3分钟到建国路口，沿建国路直走4分钟至杨家弄，沿杨家弄走1分钟到达留方井（李昌达纪念碑）
舟山烈士陵园	位于舟山市定海区昌国街道龙蜂山山麓，舟山长途客运中心乘坐旅游3路到北园新村下车，往前走7分钟到达
金塘烈士陵园	位于舟山市定海区金塘镇东佛岭西侧，舟山长途客运中心乘坐31路、34路到东门车站，换乘定海——金塘直达快车，到站后往南步行500米
解放金塘岛登陆处	位于舟山市定海区金塘镇新丰社区柏塘岙，乘坐31路公交直达东门车站，换乘定海——金塘班车（人满即开），在金塘客运中心换乘金塘——大丰公交车，在终点站下车，搭乘20分钟的三轮车到山脚，翻过山头可看到登陆处
大榭烈士陵园	位于宁波市东部，距宁波市中心40千米。从宁波市汽车南站乘756路公交车到大榭客运中心。定海港务码头有船到大榭岛
"洛阳营"营史馆	位于定海区白泉镇金林村，舟山长途客运中心乘坐51路到白泉站下车，往前走2分钟左转，沿光明路直走8分钟，右转，直走即可到达
"人民英雄连"连史室	位于定海区北蝉乡灯塔村，舟山长途客运中心乘坐59路、61路到达北蝉乡站点，在天天惠超市对面路口拐入，步行8分钟到达
舟山警备区军史陈列馆	位于舟山市定海区昌国路舟山警备区司令部内，舟山长途客运中心乘坐旅游3路到西关新村（西门台客隆）下，换乘29路/58路到舟山中学，步行2分钟到达

第五章 舟山群岛军事旅游资源保护与开发总体探究

续表

定海军事旅游资源	地址和路线
"勤俭创业修理连"连史室	位于舟山市定海区白泉镇金山社区,舟山长途客运中心乘坐31路、34路到达东门车站,换乘53路到达白泉金山社区,直走10分钟到达
舟山地委(专员公署)旧址	位于舟山市定海昌国路61号(现定海区委大院内)。位于中心区,可步行前往
海军92910部队军史馆	位于定海环城南路,可步行前往
海军91991部队军史馆	位于舟山市定海区盐仓街道,舟山长途客运中心乘坐31路到达盐仓中心小学,步行6分钟可到达
瞭望楼	位于定海桑园弄13号,搭乘旅游3路到移动公司下车,左转进入桑园弄,步行4分钟到达桑园弄31号,直走1分钟到达
东海游击总队北蝉黄沙战斗遗址	位于舟山市定海区北蝉乡新港社区黄沙岭山。乘坐59路到北蝉乡
东海游击总队油岭伏击战遗址	位于舟山市定海区临城街道油岭岙,乘坐25路公交至油岭下站点,步行200米后右转,可见到一户人家门口摆有2棵铁树,借道该户人家后门,上山为旧址
东海游击总队成立旧址	位于舟山市定海区北蝉乡新港社区钓门,舟山长途客运中心乘坐59路到钓门(后沙头),左转步行3分钟,沿第二个路口进入,现为钓门老人协会
中共定海县工委机关后岙旧址	位于定海区白泉镇金山社区后岙长生堂,现为后岙下前山路87-89号。从定海东门车站乘坐51路公交车至白泉镇白泉站
中共定海县工委旧址	位于定海区临城街道惠民桥村何家岙陈屋里,乘坐29路、35路、39路公交车到达惠民新村下车,往前走300米,见到陈屋里标牌,左转即到
杨静娟烈士被捕处纪念碑	位于舟山市定海区马岙镇光三村黄鹤庵后山。从定海客运中心乘旅游一线到马岙
定海特派员机关道头祥裕肉店、念亩墩旧址	定海特派员机关道头祥裕肉店旧址位于舟山市定海区环南街道卫海路,现已拆除
定海特派员机关皋泄舒家旧址	位于舟山市定海区白泉镇平湖社区,乘坐51路至皋泄下车,前行至舒家路标处,沿小路前行2分钟,可到达(现为老人协会)
中共定海城区支部旧址	位于原定海慈云小学(现舟山市定海廷佐小学),舟山长途客运中心乘坐27路到新露亭公寓站下车,步行3分钟到达
洞岙农民抗粮暴动旧址	位于舟山市定海区临城街道洞岙,在客运中心坐59路/61路到港务公寓换35路[港务码头至洞岙(兼)]/35路[港务码头至高峰(兼)]到临城街道,步行至荷花村,再往前100米(现为中远锻造厂房)

续表

定海军事旅游资源	地址和路线
临城烈士墓	位于舟山市定海区临城街道章家庙北首翁家墩山,乘坐25路公交至高云水库站点下车,往前走10米,沿左手边小路上山即可看到(舟山中学临城校区对面)
同归域	位于定海城北祁雨山山麓,即海山公园东北角,舟山长途客运中心乘坐旅游3路到北园新村下车,往前走7分钟至海山公园
金塘平倭港碑	位于金塘岛沥港下街头,乘坐31路公交直达东门车站,换乘定海——金塘班车(人满即开),在金塘客运中心换乘金塘——沥港公交车,在终点站下车,出站后直走至平倭路路口

第三节 普陀区军事旅游资源开发对策与建议

旅游开发是指人们为了发掘、改善和提高旅游资源的吸引力而致力从事的开拓和建设活动。坚持科学合理的开发原则,制定切实可行的开发规划,做好景点与风景区的具体规划与设计,要系统可持续开发,充分利用舟山独特的军事文化资源,做好军事旅游资源的保护与整修,建设爱国主义和世界和平教育基地,打造舟山新的旅游名片。

一、坚持特色性原则、共生性原则和网络化原则

开发利用旅游资源的实质就是要寻找、发掘和利用旅游资源的特色。经过开发的旅游资源,不仅应使它的原有的特色得以保持,同时,还应使其原有特色更加鲜明并有所创新和发展,绝对要避免在开发后,旅游资源原有的特色遭到破坏。规划区虽然旅游资源丰富,各种元素具备,但其中任何一个单体资源都不具备单打独斗的竞争优势,只有在整合资源,形成合力上下工夫,发挥整体优势,才能形成合力优势。如登步"农夫乐"是从登步战斗遗迹——国防爱国主义教育基地的基础上拓展的,其设立的项目是围绕"农村、农民、农活"主题的一种体验性的活动,让游客在体验军事文化的同时,利用登步自然的海礁、山林生态环境和一年四季的果园景观,体验"当一回农夫"的乐趣。

二、做好文化文章、主题文章和概念文章

一是文化文章。有了文化,旅游就有了灵魂,并且文化的深度、高度、广度和厚度,决定景区的深度、高度、广度和厚度。一句话,普陀军事旅游要以文化为魂。

二是主题文章。有了主题,普陀旅游就有了目标,有了方向。原本散乱弱小甚至

那些看似没用的资源，有了主题，就有可能化腐朽为神奇。

三是概念文章。有了概念就有了营销的卖点，而文化概念和主题最终往往又是合二为一的东西。如东极旅游真正与众不同的独特点和吸引点，不是"四S"资源，也不是吃海鲜、看渔村，这些资源和旅游产品，舟山几乎所有的岛屿都有，只不过程度不同而已。舟山所有其他岛屿乃至中国所有其他岛屿所没有，唯独东极具有的是它独一无二的东极地理元素概念和随之而来的文化概念和产品概念。

三、细分客源市场，进行合理定位

从实际条件出发，在开发军事旅游资源时，应分析清楚开发出来的产品其品位高低及所对应的客源市场，针对客源可以分为国外游客、国内游客及省内游客三种，对每一类客源要认真分析其需求，然后设计不同的宣传口号和旅游目的地形象。

四、分层分步、全市统筹，策划几个军事旅游主题进行重点打造

大的层面上可以根据舟山军事旅游资源划分为四大主题即抗倭军事游、鸦片战争军事游、近代军事旅游和现代红色旅游。在具体做法上，每一大的主题又可以根据资源文化内涵的不同来划分小的主题和旅游区域。比如：舟山红色旅游线路"一个核心、四个区域、一条主线和七条精品线路"的设计，"里斯本丸"文化旅游、鸦片战争文化旅游线路的设计等。

以现代历史事件"里斯本丸"号沉船发生地为文化线索，规划形成历史探秘、文化寻踪和海岛观赏以及休闲游览为主要内容的景区。具体来说，一是可打造"里斯本丸"号轮船一艘，既让游客有身临其境之感，同时拓展其休闲、餐饮、娱乐功能，成为主题景观船；二是可立"里斯本丸"号纪念碑；三是可推潜水项目，海底也可放一艘模拟沉船让游客潜水下去观光等。

登步岛战役是具有历史转折性的战役，对于形成台海现在的局势起到关键作用，此战意义重大，且在舟山普陀区登步岛、桃花岛、沈家门留下了不少遗迹，可进行综合开发。东极岛作为现在重点打造的旅游区，在突出自然风光和海鲜原味的基础上，加上"里斯本丸"的感人故事，会让东极岛更富有吸引力。因而要对现有纪念馆进行再投入和包装，让历史的事实更形象地展现出来，同时配好解说员，作为东极之行的必到一处重要景点，在相关的东极宣传小册子、网站等进行醒目的介绍。

双屿海战，在现代来说也非常值得深思，从中吸取教训，是进行海洋经济意识教育、海洋权益意识教育的很好的载体。在完全没有留下遗迹的基础上，可对当年的盛况进行一些再现和还原，如打造双屿古港文化休闲旅游区，该区块以16世纪中叶国际自由贸易港"双屿港"为中心主题，形成以葡萄牙海洋商贸文化为底蕴的旅游区。如建设双屿港博物馆、双屿古埠、万国风情水街、葡萄牙城堡、东方休闲渔庄等。

五、做好旅游线路设计工作

从专业层次上讲"旅游线路"就是旅游经营者或旅游管理机构向社会推销的旅游产品，其设计得是否合理，对于其吸引力的发挥非常关键。在设计旅游线路时，要赋予其真实的文化内涵，使其名副其实，同时，要展现其原有的风貌。本着如果原有的面目恢复不好就不推出的原则，一定要让游客感觉到其真实性和吸引力。建议将舟山军事旅游资源开发成以下旅游线路：鸦片战争军事旅游、近代军事旅游、现代红色旅游、"里斯本丸"军事游、双屿港文化游、抗倭军事游等。

六、做好旅游新项目开发

开发和挖掘旅游资源的价值和功能，安排符合不同目标群体、形式多样、内容丰富的旅游新项目。如在东极建一个影剧院，到东极旅游者的一项必备活动是先看一部已拍好的"里斯本丸"电影。放电影前看一个介绍东极的短片，这样旅游者在东极停留的时间也长了。还可以在去东极的船上播放很美很典型的风光片。东极为英国格林尼治天文台测定的21世纪第一缕曙光照耀地。位于东海的东极岛深入太平洋，是我国最东端的居人岛，由28个大小岛屿和108块礁石组成。东极湾内碧海绿岛，悬岸石壁，白石砾滩，奇形怪石，别有洞天。纯真的阳光、海水、岛礁、海味、海风及宜人的气候等，堪称绝佳的旅游、避暑、度假胜地。可以把这些优美的风光都在片子中加以体现和宣传。

七、强调文化、参与、体验

军事遗迹旅游是专项旅游的一种，舟山可以开发的专项旅游产品主要包括海钓旅游、生态旅游、美食购物游、节庆活动游、修学考察游、文化旅游。其中，军事遗迹旅游可以成为文化旅游、节庆活动游和修学考察游，而这一产品的客源市场地域较广，可扩展到全国乃至全世界各地。专项旅游类客源对旅游产品体验功能要求较高，因此，应重点开发主题参与型的旅游项目，让游客可以参与其中，达到亲身体验的目的。根据旅游业发展趋势，专项旅游类客源将成为今后旅游业发展的重要客源，应重点开发。如来舟山旅游的游客普遍认为，东极旅游参与性项目过少，旅游文化底蕴虽然深厚，但文化旅游产品和活动项目开发滞后，缺乏文化气息。期待参与性和体验性强的东极能成为旅游热点。体验时空穿越，把以前的军事历史故事进行游戏复原，成为可供旅游者参与体验的活动。如六横著名的双屿港海战，现代没有保存下可以看的东西，完全可以考虑复原当年明朝时穿的衣服，让游客穿上盔甲、布衣等，感受时空穿越的神奇，把游客分为二组、三组，分别代表明朝政府、走私商人、普通百姓等，模拟当年的海战进行对抗。

八、利用港口优势，与船舶工业游、自然风光游有机结合

　　这也是坚持旅游资源的共生性原则，自然资源与自然资源之间、自然资源与文化资源之间、文化资源与文化资源之间都会产生共生现象。以"自然（Nature）、怀乡（Nostalgia）和涅槃（Nirvana）"为主题的"3N"旅游模式成为中国旅游发展的新趋向。现代社会中，人被不断地都市化，而都市又被高度地人工化，不断加速的现代化进程引发了种种生理、心理问题和疾病。生活在"石屎森林"中的都市人迫切地想要逃出"现代围城"，让身心回归真正的自然。游客的素质逐步提高，环保意识越来越强，对旅游产品生态性的要求越来越高，自然的生态旅游大受欢迎，发展特快。同时，怀旧情绪蔓延，人们怀念过去的东西，对传统的兴趣日益浓厚。避开拥挤的旅游景点和人文景观，到森林、草原、深山、河谷、湖畔等大自然中去，不再东奔西走，只在目的地安营扎寨，住上几天，让心灵沐浴在真正的大自然（Nature）中，沉浸在对人与自然、人与人和谐完美关系的怀恋（Nostalgia）中，从而使自己的精神融入人间天堂（Nirvana）。

　　普陀区六横岛上军事资源丰富，有东总英烈纪念园、双屿烈士陵园、浙东第一功摩崖题记、张煌言蒙难处、"廉泉"抗倭古井等，目前有所保护，但都还没好好开发。古代有名的双屿港，名人张苍水，都值得好好研究和挖掘，突出人文特色并进行系统开发。但现有的军事旅游资源相对比较分散，如纯粹的军事游对游客的吸引力不大，也很难进行串线，所以要紧密结合海岛其他丰富的旅游资源，进行线路的合理安排。东海之滨、鱼米之乡——六横岛，古称"双屿"，地处舟山群岛南部，东临大海，西邻宁波，与北仑区仅隔6丁米海峡，可谓"宁波海上后花园"。六横岛为舟山第三大岛，地理位置优越，与"海天佛国"普陀山、"中国渔港"沈家门、"沙雕故乡"朱家尖、"金庸笔下"的桃花岛仅一水之隔，海陆交通十分便利。六横岛美丽富饶，人杰地灵。该岛拥有舟山最大的海珍品养殖基地和水仙花种植基地，是国家级海岛综合开发试验区。岛上山川秀丽，空气清新，物产丰富，市场繁荣，文化深厚，民风淳朴，气候温润，是度假休闲的理想之地。另外，六横有中远船务等4家大船厂，有浙能煤炭大型中转基地，有凉帽潭集装箱仓储中转基地等工业项目，都可以进行适度的工业游。另外六横也有龙头跳、悬山岛等非常优美的自然海岛风光，如张煌言蒙难处位于悬山岛大鱼厂村大平岗北山腰，可让悬山岛的自然风光游和张煌言蒙难处的军事历史游进行很好的结合串线，另外也可把适度的工业游与军事历史遗迹进行合理安排。桃花岛的"定海城"附近有穿鼻洞、千年梅树桩等景点，都可进行很好的串线。

九、根据军事故事游舟山海岛

　　根据鸦片战争的战斗的历程，设计旅游线路，和参观定海古城相结合，在定海古城中进行一些当年生活场景的体验。"定海城"不论是从历史的角度来看，还是从其现实意义上来讲，都是一个理想的爱国主义教育基地。在这里人们通过参观，可以感受到鸦片战争给中国人民带来的丧权辱国之耻；从这里人们可以了解到，鸦片战争时期定海知县及三总兵顽强抗英、以身殉国的英勇壮举；从《鸦片战争》的图片中认识历史，从而激发起人们，特别是中小学生的爱国热情，激励学生为中华之崛起奋发读书，激励人们以更大的热情投身到社会主义新渔农村建设中去。

十、建设和完善旅游配套设施，提高旅游地的可进入性

现在旅游散客比重上升，团队比重大幅度下降。特别是在"长三角"这一带旅游业比较发达、服务比较便利，散客大大超过了团队。因而考虑到散客的出入，服务要更加完善。现在已进行过适度开发的军事旅游点道路都比较好，特别是在本岛上，但部分点的道路设施没有跟上，公交等配套设施要跟上。去岛屿的航班要增加，船票应可预订，提供更人性化的服务。

十一、加强旅游目的地军事旅游形象策划工作

有效的旅游目的地形象策划有利于旅游目的地的传播和推销，对于扩大知名度非常有益。应加强宣传推广力度，先由内而外，本地做热，媒体加强宣传，让舟山市民先了解熟悉舟山的各个岛屿，各种战争故事，再由内而外进行扩展。让军事游与爱国主义教育、暑期学生夏令营等进行结合，采取政府、工、青、妇群团组织与旅行社商业化动作相结合的模式，除对旅行社进行推广应用这一传统的营销模式之外，发挥群团组织的力量，团组织、工会组织、妇联组织等进行半官方层面的组织促销，意在营造声势。

十二、开发与军事旅游相关的旅游产品，合理控制价格

做好旅游产品区规划，开发与军事旅游相关的旅游产品，合理控制价格。开发以舟山军事历史文化为题材的人物、事件书画作品系列，书籍、相关旅游纪念品，包括张煌言、周山、戚继光到鸦片战争的英雄三总兵等。

综合舟山军事旅游资源的情况，鸦片战争旅游资源品位高、种类丰富，应开发成舟山军事旅游的拳头产品，打造成知名品牌，力求将定海、普陀开发为鸦片战争军事旅游区；现代红色旅游资源非常具有舟山的特色，特别是登步岛之战，资源的知名度也很高，资源的种类和数量也较多，具有很强的爱国主义教育功能，应积极开发，打造精品红色旅游线路与区域旅游主题，更进一步打造普陀东港塘头麒麟前哨，并以此带动旅游业相对薄弱地区的发展；舟山东极的"里斯本丸"军事游、双屿港文化游非常具有舟山本地特色，非常有价值和意义，值得深入挖掘和打造，同时这类军事旅游资源的开发也应积极发挥其和平教育、海洋经济意识教育、海洋贸易意识教育的功能。

第五章
舟山群岛军事旅游资源保护与开发总体探究

同时,旅游开发不能只强调经济收益,更不能夸大收益,还要注重社会效益,也不能忽视风险,不能不计成本,不能只强调综合收益而不考虑综合损失。因此,必须进行损益分析和风险评估。

十三、加强军事旅游人才队伍建设

(一) 抓好对旅游行业重点人才的培养

一是要围绕"建设一支高素质的专业化旅游行政管理队伍"的目标,有计划地分级分类对旅游行政领导人员进行培训;二是要培养一支熟悉国际经营规则、外语能力强的高素质的职业经理人队伍;三是要培养一大批既掌握现代工程技术,又善于经营管理,且能进行国际交流与合作的高层次、高素质、复合型人才;四是要在有关职业学校和高等学校设立旅游服务专业,大力培养不同层次、不同服务方向的导游员。建立旅游人才的梯度培养模式。院校教育、继续教育、企业培训三者互为补充、有机结合,完善学历教育和成人培训机制。各教育体系之间要充分利用自身特点和优势,明确培养对象、培养目标和培养重点。

(二) 加大对旅游人才的有效激励和保障

一是改革薪酬福利体系;二是建立员工参与授权管理体系;三是落实社会保障体系;四是完善人才奖励机制;五是建立合理的人才流动机制。

(三) 实施"五个一"工程

一是人才信息工程,尽快建立旅游人才资料库,搭建信息交流平台;二是人才精英工程,一方面要倾斜政策从区外引进各类旅游管理精英人才;另一方面通过本地培养,大力选拔一批优秀旅游行政管理人员、企业管理者;三是紧缺人才工程,在形式上通过举办高级研讨班、研究生班等模式,在手段上采取"请进来"、"走出去",既可吸引外方管理人才,"不求所有,但求所用",又可积极与境外旅游管理学院合作办学,提高旅游培训的国际化水平;四是素质提升工程,把提高职业道德标准、服务技能和外语水平放在首位;五是旅游创业和就业援助工程,通过市场运作,政府扶持,建设一批旅游就业和创业培训基地。①

第四节 开发岱山军事旅游资源的建议

与军事旅游资源相关的军事知识,是吸引游客的重要部分,它包括了军事理论、军事技术、军事管理、军事历史、军事地理、军事人物等。军事中的行军、组织、纪

---

① 参考李俊伟撰写的《对旅游人才队伍建设的调查与思考》,2011 年 8 月 30 日发表于普陀新闻网。

律、体能、野外生存、擒拿格斗等训练的实践知识,对旅游者提高自身素质并应用于生产生活中也很有价值。军事旅游资源开发利用以军事为核心和线索,将各种旅游资源串联起来,明确旅游资源的军事分类主题和游客参加旅游活动所应达到的效果。没有主题或目标模糊的军事旅游很容易敷衍于表面形式,难以吸引游客重游。

一、以岱山机场为基础,深挖文化地理要素,强化军事价值开发

就军事旅游资源开发价值而言,岱山机场有着它军事资源的独特性,其文化地理意义远胜物质地理景观。而造岱山机场所占据的大片良田、国军撤退时带走的一大批青年壮丁,在当地居民的物质生活和精神生活方面打下了深刻烙印,而产生出一种独特的区域文化要素。至今,舟山是浙江省在台湾的"大陆新娘"的聚集地,涉台婚姻占了六成之巨。

有着"国共最后对决的历史见证"符号意义的岱山机场现将恢复为军用机场,其旅游开发创意要在对该景区其他遗址进行合理规划与资源整合上,从文化与军事的结合上找切入点,深挖其在弘扬祖国军事文化、促进两岸经济文化交流方面的文化地理要素,把它打造成集旅游观光、科普和国防教育为一体的军事文化景点。这对弘扬祖国军事文化、提高舟山市和岱山县的知名度、促进两岸经济文化交流,具有不可估量的现实意义和深远的历史意义。现不少重大军事科技基地都被作为旅游景点开发,如甘肃的酒泉卫星发射中心,已是一个对外开放的航天城。岱山机场的防空洞、炮阵地、飞行员宿舍和指挥塔等遗址好好予以开发利用,必然能吸引军事爱好者的眼球。此外,这些遗迹也是研究国共最后战役的珍贵实物史料。可以在机场旁建设一所国共战争研究馆,主要收藏展示国共战争的相关研究资料、文献、书刊等。

二、以大鱼山革命烈士纪念塔为基础兴建军事主题公园,增强军事文化旅游的影响力

谁也无法否认大鱼山之战的历史军事价值,这从当时新华通讯社发血战大鱼山岛战报、新华广播电台向全世界广播、浙东战斗报社出版《血战大鱼山岛》连环画①可以看出。大鱼山地理位置险要,扼舟山往上海航路,抗日战争和解放战争时期,新四军海防大队、东海游击总队均先后驻岛,开展了一系列的革命斗争。如今我们完全可以把它开发成一个国防教育训练园式的军事主题公园,利用大鱼山战役的战壕等军事遗迹及大鱼山的海岛丛林条件,修建观赏与参与性并重的"军事演练场"。可以在当时的战争遗址上,利用声、光、电等自控技术与艺术手段,制作大型作战沙盘或模型,模拟当时的战争场景,不但可以成为舟山本地驻军的军事训练基地,

---

① 见岱山文史资料第一辑《血战大鱼山》,林通屿编,1986年版。

第五章
舟山群岛军事旅游资源保护与开发总体探究

也可以满足军事爱好者过把"实战瘾"的需求;可以在纪念碑旁建设一个纪念馆,借以宣传历史知识,进行军事文化理论知识教育;充实纪念碑的内容,设计人物浮雕、背景画等艺术景观。

三、以东岳宫、中国海防博物馆为基础,在文物保护与趣味体验中延伸旅游价值链

雕梁画栋、色彩鲜艳的东岳宫,是20世纪地下党活动和组织领导盐、渔民进行斗争的场所,1937年顾娥、金维映等中共地下党员以此为活动中心,组织岱山盐民运动。这次暴动引起了社会各界强烈反响,沉重打击了国民党政府及其盐务当局,极大地鼓舞了人民群众团结起来与反动派进行斗争的决心和信心,为抗日战争、解放战争期间我党在岱山建立地下组织和革命武装创造了良好条件。东岳宫始建于宋朝宣和年间,经历了焚毁、重建,几经沧桑,现今岱山县政府正再次对东岳宫进行修缮,盐民暴动纪念馆的陈列内容也越来越丰富。由此可见,岱山东岳宫不但是"革命圣地",还是文物古迹,其历史建筑本身就具有很高的旅游价值。

浙江省其他地方如台州等也建有东岳宫。岱山的东岳宫,盐民暴动纪念馆是其亮点所在。但该纪念馆目前的陈列品种还比较单一,以大型图片为主,军事旅游开发空间很大。现岱山已建成了中国盐业博物馆,它坐落在岱西万亩盐场上,以"贡盐"之乡为文化背景,将我国千年来煮海晒盐的工艺、文化和历史搬入展馆,陈列从"煎煮"、"板晒"、"滩晒"工艺演变过程中的盐业各种工具和科技应用的文字、图片、实物;展示盐史中最有代表性的快速制盐场景,让参观者能自己操作亲身经历晒盐的全过程,了解制盐的操作工艺。东岳宫的盐民暴动纪念馆,可以与中国盐业博物馆相得益彰,再现中国的盐文化。盐民暴动纪念馆的旅游开发,其一,可以利用现代技术手段向游客展示"岱山贡盐"的生产过程以及盐民暴动盛况;其二,增加趣味体验项目,让游客体验渔盐拌红的过程;其三,增加一些实物展示,如盐务局剥削盐民所用的"盐板"、"牌号"等;其四,陈列一批反映旧社会盐务局剥削盐民的蜡像等。借此做好文物保护和旅游发展的"双赢"工作。

中国海防博物馆可以利用原有的营房、战壕、坑道、碉堡、弹药库等军事设施遗址开发多种体验式旅游项目。其二期计划在实体军舰设置虚拟射击场、抢滩登陆战等项目,在室外开辟抢占珍宝岛、丛林野战营等项目,在隧道展览区开发隧洞战等个性化体验式旅游项目,就是一个很好的创意。同时,岱山现已是名副其实的博物馆之岛,已建起了中国海洋渔业博物馆、中国台风博物馆、中国灯塔博物馆、中国盐业博物馆等一系列的海洋文化博物馆,而更多的博物馆,如岛礁博物馆、徐福博物馆、渔村博物馆、海洋生命博物馆、海鲜博物馆等正在兴建,或者即将兴建。中国海防博物馆开发还要充分利用岱山"博物馆之岛"的优势,形成连锁与规模效应。

中国海防博物馆体验区内的 1969 式双联装 14.5 毫米高射机枪

中国海防博物馆体验区内的老式飞机

四、结合岱山海岛特色旅游以形成规模效应,让军事文化旅游与渔家乐相得益彰

岱山军事旅游景点分布于各海岛,不少景点附近就是岱山的著名旅游景观。岱山海岸、洞、山、沙滩、奇礁、怪石、古迹遍及全岛,"蓬莱十景"驰名已久,还是名副其实的博物馆之岛、海洋文化之乡,海水、沙滩、礁石、海鲜、渔火是其旅游特色。岱山军事旅游开发,完全可以与当地景观旅游开发结合起来,让军事文化旅游与渔家

乐相得益彰，做好民俗娱乐与国防教育两篇文章。

中共东海工委旧址军事旅游可以与所在地东沙古镇的古镇门楼、海天一览亭旧址、羊府宫石碑文、中国书雕城、北畚斗新石器文化遗址等旅游景观一起开发。东沙古镇辖区内的对虾养殖、梭子蟹暂养和贝类混养等品种及特色项目产品东沙香干等受消费者喜爱，可以派生出富有海岛特色的军事旅游纪念品。

大鱼山岛保持有较好的小岛自然景观风貌，岛上林木苍葱，盛产潮间带海洋物种，多泥螺、蛤蜊、藤壶及蛏子等。现大鱼山西南引航锚地业已启用多年，军事旅游开发可以考虑海钓、海岛野外生存体验项目。舟山境内的浙江海洋学院是全国唯一被授予"学校海岛野外生存实验基地"的高校，连续多年利用舟山的地理条件优势开展"海岛野外生存生活训练"，训练对象由全校拓展到全省、全国大学生。2011年开展的"全国大学生海岛野外生存夏令营"活动有来自北京大学等全国12所高校共80余名师生参与。现学校开展的海岛野外生存训练多选择在东极，随品牌效应的形成，大鱼山岛完全可以开发成学校的下一个"海岛野外生存生活训练课程"实验基地。中国海防博物馆北部海湾开辟的海钓休闲区和观潮点等，亦可以拓展成"海岛野外生存生活训练课程"实验基地。

第五节 开发嵊泗列岛军事旅游资源的建议

一、嵊泗列岛军事遗迹开发的特点与开发原则

军事遗迹是一类特殊的文化，与和平时期人们日常关注的问题相距较远，故应作为一类特殊的旅游资源进行开发。民众都厌恶战争，"和平与发展"是当今世界两大主题。因为战争会给人类带来灾难，伤及无辜。历代的政治家、军事家都主张"不战而屈人之兵"，并认为这才是制敌的上策。现代许多国际旅游专家都认为，旅游使人们通过交往而相互理解，能促进世界和平。但战争有时似乎又是不得已的手段，以致当今世界并不安宁。对于历史来说，既然战争已是"既成事实"，那么今天的旅游开发，完全可以利用这一文化资源。这一资源最显著的特点就是旅游者所感受到的不是山清水秀，鸟语花香与歌舞升平，而是带有烽火硝烟的气息，牵涉到正义与否的价值判断问题。

鉴于此，在开发时宜把握好如下原则：①紧紧结合《舟山市海洋旅游产业发展总体规划》和《嵊泗县旅游产业发展总体规划》，因地制宜、整合资源，合理、科学、可持续发展。②要使游客通过这些军事遗迹认识战争的残酷，从而更加热爱和平。③通过这些实地遗迹与文字资料让人们更好地了解历史，认识历史发展的规律，而不是曲解历史。④正确、完整地展示战争的前因后果，对战争的过程不避讳、不抹杀、不粉饰、不夸大，利用各种不同的媒介手段，真实地再现历史，缅怀先烈，珍惜今天的和平。

二、军事遗迹利用宏观构想

根据嵊泗列岛军事遗迹资源的实际情况,可以通过多种运作手段,在依托嵊泗列岛"碧海奇礁、金沙渔火"的基础上,开发相关主题旅游,让军事遗迹得到充分的展示并靠近市场,其社会价值与经济价值就会得到增长,开发的投入会得到相应的回报。通过古战场、军事博物馆、军事洞穴探秘、石刻文化、爱国主义基地等设计内容,进行冷兵器时代的古代军事场景再现,展示现代海军、陆军在战争手段等方面的发展演进,诉说当年抗倭、抗日故事,提供军事体验;从古代战争到现代战争,再到与战争相关的体验,最后到人类所期望的和平,完整展示一幅宏阔的由古及今的军事图景,让每个游客都能在此了解古代战争和现代战争的形式和内容,受到摒弃战争、热爱和平这一亘古未变的人类美好愿望的感染。

这种自然景观与人文景观相结合的展示才能使旅游文化具有永恒的魅力,才能使旅游产业不断发展壮大,从而繁荣地方经济。

三、军事文化旅游创意的微观设计

军事文化旅游创意的微观设计,一是以高场湾古战场为基础,再现历史风云。据史料记载和出土文物,高场湾可能是北界巡检司弓兵演习、教阅之地,因此高场湾在开发南长涂沙滩项目的同时可发展军事文化旅游。首先是区位复原、历史再现,其次是古教场、古城门的模拟再现。以"冷兵器时代战争模拟"为主题定位,依托沙滩资源,建造帐篷、箭靶场、跑马场、烽火台、城内防守的吊桥城门、城外攻城的地道云梯、古战船等设施,打造古代烽火硝烟的气氛与环境,以此为载体,对历史上著名战役的进攻防御体系进行现场模拟,让游客参与战争场面之中,进行角色体验。另外,可再建一古代兵器博物馆。兵器作为战争文化的载体,体现着人类的聪明才智,反映出社会的历史进程。可开发一系列融知识性、趣味性、娱乐性、参与性于一体的系列产品,跨越时空,展示兵器的魅力;可随市场需求变化调整产品结构和层次,取材方便,文字、图片、幻灯、录像实物、模型均可利用,具有较高的文化品位,有利于向旅游者系统展示兵器知识。

二是以大悲山山顶军事遗迹为基础,建造军事博物馆展示现代战争。大悲山目前有佛教文化、鉴真和尚东渡文化,山顶还有大量军事遗迹,也有现代驻军,有炮台、大炮、战壕、瞭望台、坑道、导弹展示场等设施,完全可以依靠现有资源建一座军事博物馆,主题定位为"现代陆军发展史"。具体开发分为展示与体验两部分:室内展室展示我军诞生成长史,军服、军衔演变历程,嵊泗列岛的解放史,海岛海防军事建设史以及其他军事著作、图片、战绩等;露天展览展示各种退役的军事物资,如坦克、火炮、装甲车、枪械、军事训练器械等;体验类项目可让游客参加"一日军旅生活",在体验中学习我军指战员顽强的作风、团队合作的精神和严明的组织纪律，培养团结协助、不畏艰难、知难而进的奋斗精神，使身体得到锻炼，阅历更加丰富。

三是以开放坑道、碉堡、炮台为基础，开展军事探秘与野外生存训练。根据本岛与悬水小岛白节山军事遗迹的分布，可大力开展军事探秘与野外生存训练。本岛以五龙六井潭的坑道为主，山上有数个坑道，原为20世纪60年代部队存放岸炮和弹药的仓库，一般宽5.5米、高约4米；坑道里洞中有洞、大洞套小洞，既相互独立又首尾贯通，连成一脉，规模巨大；此处加以定向开发，串联南长涂龙眼礁的鱼雷洞和石柱村南面的屯兵洞，成为本岛军事探秘的主线。白节山曾有军队驻扎在岛上，遗留下许多军事设施，山体已全部挖空，码头、道路、水库、坑道、防空洞、掩蔽工事、军需仓库、油料库、营房、岸炮炮台等随处可见；此岛加以定向开发，是开展军事探秘与野外生存训练的绝佳之地。军事遗迹旅游资源是一个组合性的旅游产品，可以为游客提供战争年代海战的军事体验，探究当时的作战部署、策略和武器，增添"发古幽思"的游趣。

四是以灯塔、"万人坑"、日军鱼雷洞、日军炮台为基础，开展爱国主义教育。目前花鸟灯塔、白节山灯塔、"万人坑"、日军鱼雷洞虽已成为嵊泗县的爱国主义基地，但还需大力宣传和开发，建立相应的展览馆，以多种素材与形式展示历史。花鸟灯塔、白节山灯塔记录了中国沿海地区殖民统治的历史，是帝国主义列强侵略中国的最好证据，也是激发青少年奋发向上、热爱祖国的素材；日军鱼雷洞、日军炮台等军事遗迹与掩埋我国劳工的田岙"万人坑"，是侵华日军残存在中国的历史罪证，向中外人士展示着日本侵略中国的历史。这些遗迹作为难得的文化遗产，有着极其重要的现实意义和深远的历史意义，应使其教育与警示作用充分发挥出来，时时告诫国人，勿忘国耻、振兴中华。

四、军事遗迹开发的保障

（一）科学规划、资源整合

嵊泗列岛军事遗迹分散于每个岛，且种类多样，在开发中应该与嵊泗蓝色海洋、金色沙滩、绿色山体、蓝色天空相结合，整合每个岛不同的旅游资源。政府相关部门应充分利用各种行政手段，对每个岛的旅游资源与特色充分研究后，明确定位，科学

规划,整体建设,建立全员营销的旅游目的地营销机制。

（二）加强宣传

嵊泗被誉为"南方北戴河",旅游资源丰富,但旅游信息化建设刚刚起步,旅游信息的收集、整理和传播体系尚有待提高和完善。应充分发挥政府的主导作用,提高各地方、各部门对旅游信息化的认识,鼓励相关企业积极参与,尽快建立虚拟和实体合二为一的旅游目的地信息服务系统。建设相应的旅游网站群,包括旅游管理、旅游景区、交通、住宿、商品、节事活动等旅游专门网站、网页,并逐步实现在线咨询、预订、在线支付等电子商务功能。建设旅游信息服务站点实体系统,包括各级旅游集散中心（旅游信息中心）、旅游信息服务点,旅游问讯柜台、旅游咨询亭、旅游资讯触摸屏等,覆盖全市。建设旅游指引和解说标识系统,在道路、街区、车站、码头、机场等位置为游客指示方向和介绍说明,表现形式丰富多样。

（三）交通保障

嵊泗列岛位于舟山群岛北部,长江口和杭州湾汇合处,入岛途径主要由东海大桥到小洋山,再到宁波的镇海,舟山定海的三江码头坐船,岛际之间靠交通船维系。因此,改制国有交通企业,组建大型航运集团公司,走资本化道路,迅速壮大实力,开发高档旅游交通;支持组建海陆、海、空一体化经营的交通公司;大力引进外来投资,鼓励在旅游航线上开展合理竞争;引进竞争机制,提高航线资源的使用效率;成立若干家"海上的士"公司,允许在一定区域内选择航行线路,保障旅游交通的方便。

（四）项目开发与政策扶持

建立和完善旅游投资项目库,并对政策性重点项目进行可行性研究;鼓励外来资金与当地居民合作开发旅游,鼓励将渔村、废弃的村庄整体改造成特色度假村;建立旅游资产管理公司,打包相关资产,组成旅游投资控股公司,进行上市运作;开展无居民海岛的旅游开发试点;各级政府增加对旅游的财政性投入;重点旅游区的土地出让金予以全额返还;完善政府旅游专项资金管理制度,增加旅游发展资金。

结束语

只有自然景观与人文景观相结合才能使旅游文化具有永恒的魅力,才能使旅游产业不断发展壮大,从而繁荣地方经济。军事遗迹资源中的有形部分是不可再生的资源,一旦破坏将永远丧失这些历史文化遗存。因此,开发利用这些遗迹,在保证实现开发目标和经济效益的同时,必须兼顾开发的质量和可持续发展,重视对军事遗迹资源的保护和修缮工作,绝不能以破坏这些历史遗迹为代价,换取短期的经济效益。只有通过合理科学的开发与利用,以遗迹养遗迹,才能更好地保护这些军事遗迹,才能使我们领悟到中华民族必须自强、自立,让历史的悲剧不再重演。